책임지는 용기, 징비록

상상의집

글 최지운 | 그림 조윤주 | 사진 시몽포토에이전시
펴낸날 2015년 3월 10일 초판 1쇄, 2025년 4월 3일 초판 7쇄
펴낸이 이재성 | **기획·편집** 조광현 | **디자인** 이원자 | **영업·마케팅** 김미랑 | **제작** 김정식
펴낸곳 루크하우스 | **주소** 서울시 서초구 사임당로 50 해양빌딩 504호 | **전화** 02)468-5057 | **팩스** 02)468-5051
출판등록 2010년 12월 15일 제2010-59호
www.lukhouse.com   cafe.naver.com/lukhouse

© 최지운 2015
저작권자의 동의 없이 무단 복제 및 전재를 금합니다.

ISBN 979-11-5568-096-4 74910

※ 잘못된 책은 구입처에서 바꾸어 드립니다.
※ 값은 뒤표지에 있습니다.

상상의집은 (주)루크하우스의 아동출판 브랜드입니다.

책임지는 용기, 징비록

상상의집

차례

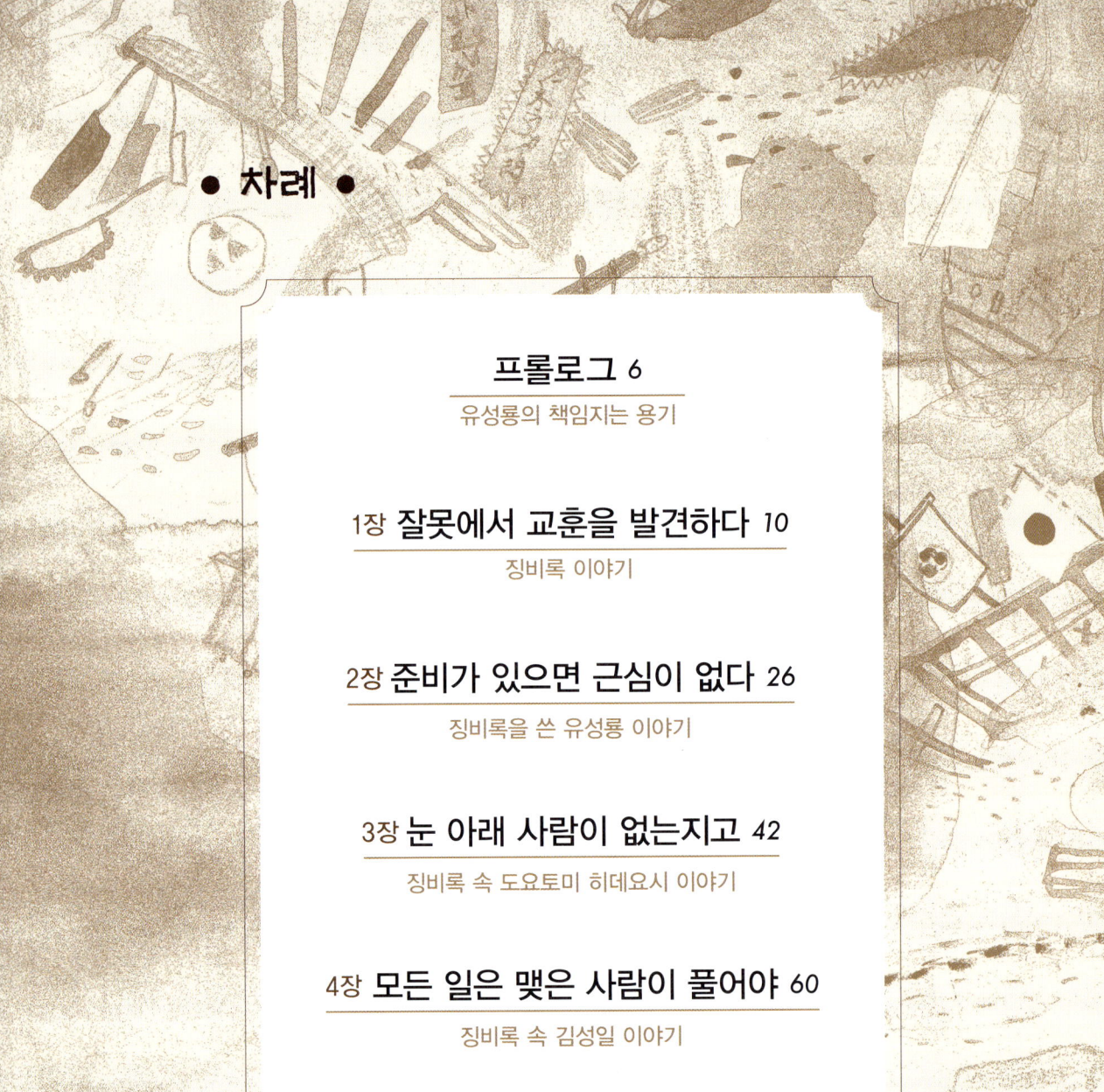

프롤로그 6
유성룡의 책임지는 용기

1장 잘못에서 교훈을 발견하다 10
징비록 이야기

2장 준비가 있으면 근심이 없다 26
징비록을 쓴 유성룡 이야기

3장 눈 아래 사람이 없는지고 42
징비록 속 도요토미 히데요시 이야기

4장 모든 일은 맺은 사람이 풀어야 60
징비록 속 김성일 이야기

5장 다시 일어나지 못하도다 76
징비록 속 이일 이야기

6장 사마귀가 수레바퀴를 막으랴 90
징비록 속 신립 이야기

7장 이러지도 저러지도 못하고 106
징비록 속 선조 이야기

8장 큰 그릇은 늦게 만들어질지어니 122
징비록 속 이순신 이야기

9장 몸을 바쳐 나라를 구하다 140
징비록 속 의병 이야기

에필로그 156
징비록 다시 살펴보기

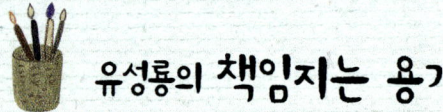
유성룡의 책임지는 용기

왜군에게 참패한 뒤 도망쳐 온
명나라 장수 앞에 무릎을 꿇었다.
머리를 조아리며 눈물을 흘리며 빌었다.

명나라 군사에게 식량을 제때 주지 못한 죄였다.
전투 대신 협상으로 전쟁을 끝내겠다는 말에
어서 싸워 달라 채근한 죄이기도 했다.

△ 유성룡

슬프다.
임진왜란이 조선에 안긴 상처는
비참하고 끔찍하기 그지없다.

수도 한양을 지켜 내지 못했으며
임금께서는 피란길에 올라 고생하셨다.

백성들이 흘린 피눈물은
부서지고 무너진 팔도강산을 적셨다.

△ 조총 훈련을 하는 일본 군사를 그린 그림

△ 울산성 전투도

나같이 보잘것없는 사람이 나라가 어지러울 때
중대한 책임을 맡아
위태로운 나라를 바로잡지 못했으니
그 죄는 용서받을 수 없다.

그런데도 나는 시골 구석에 살아남아
목숨을 이어 가고 있으니,
부끄러워 몸 둘 곳을 모르겠다.

공자의 『시경』에 이런 구절이 있다.

"지난 일의 잘못을 주의하여
뒷날에 어려움이 없도록 조심한다."

이 구절이 바로 『징비록』을 쓴 이유이다.

임진왜란의 징후를 대수롭지 않게 여긴 잘못과
현명하게 대처하지 못한 무능과
적에게 무참히 짓밟힌 현실을 사실대로 서술했다.

이긴 기록보다 중요한 것은 패한 기록이다.
무엇이 부족하고 어떤 잘못을 했는지 정확히 알면
똑같은 일을 되풀이하지 않을 수 있기 때문이다.

임진왜란에 대한 책임과
나라와 백성의 믿음에 보답하지 못한 죄를
『징비록』에 모두 담고자 한다.

△ 유성룡이 『징비록』을 쓴 장소로 알려져 있는
경상북도 안동의 옥연정사

△ 『징비록』

1장

잘못에서
교훈을 발견하다

징비록 이야기

　나는 책이랍니다. 하지만 이름은 아직 없어요. 완성되지 않은 책이거든요.

　나를 쓰고 있는 사람은 '유성룡'이라는 분이에요. 조선 최고의 재상 가운데 한 명으로 손꼽히지요. 임진왜란 때는 나라를 지키기 위해 애써, 온 백성의 칭송을 받았고요. 이렇게 훌륭한 분이 나를 쓰기로 마음먹었다는 사실에 정말로 기뻤지요.

　하지만 내 안을 채워 가는 이야기들 때문에 걱정이 되기 시작했어요. 임진왜란이 일어나기 전부터 끝나기까지, 조정의 잘못을 꼬집었기 때문이에요.

　'혹시 자신을 모함한 신하들에게 화가 나서 나를 쓰는 걸까?'

　내가 이런 생각을 하는 것도 무리는 아니었어요.

　임진왜란이 일어나기 전 전쟁 징후가 있었지만, 조선의 신하들은 대부분 크게 관심을 두지 않았어요. 나랏일은 뒤로한 채 편을 가르고 상대편을 공격하기에 바빴지요.

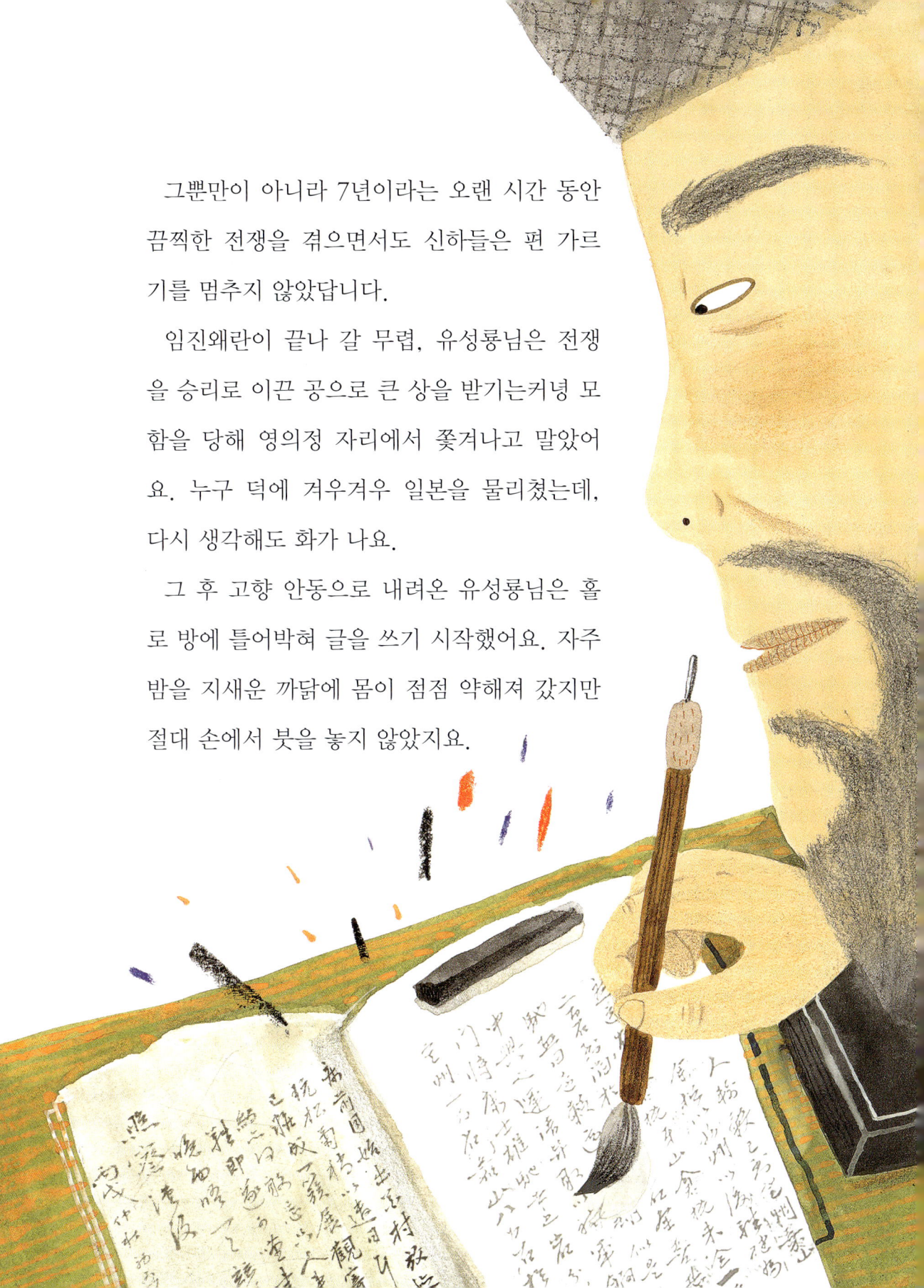

　그뿐만이 아니라 7년이라는 오랜 시간 동안 끔찍한 전쟁을 겪으면서도 신하들은 편 가르기를 멈추지 않았답니다.

　임진왜란이 끝나 갈 무렵, 유성룡님은 전쟁을 승리로 이끈 공으로 큰 상을 받기는커녕 모함을 당해 영의정 자리에서 쫓겨나고 말았어요. 누구 덕에 겨우겨우 일본을 물리쳤는데, 다시 생각해도 화가 나요.

　그 후 고향 안동으로 내려온 유성룡님은 홀로 방에 틀어박혀 글을 쓰기 시작했어요. 자주 밤을 지새운 까닭에 몸이 점점 약해져 갔지만 절대 손에서 붓을 놓지 않았지요.

그 사이 잘못을 알아차린 조정에서는 몇 번이고 사람을 보내 유성룡님을 다시 관직에 모시려 했어요. 하지만 유성룡님은 쉬고 싶다며 거절했지요. 그럴 때마다 정말 안타까웠어요. 내가 빛을 보지 못해도 좋으니 유성룡님이 세상에 나가 훌륭한 일을 하길 바랐거든요. 그러던 어느 날 큰 착각을 하고 있었다는 걸 깨달았지요.

오늘 '훈련도감'이라는 곳에서 유성룡님의 부하가 방문을 했어요. 부하는 서재까지 따라오며 유성룡님을 다시 한양으로 모시고 가려 노력했지요. 그는 책상에 펼쳐진 나를 보고 말했어요.

"어르신, 지금 무슨 글을 쓰고 계시는 겁니까?"

"임진왜란 때 내가 보고 듣고 느낀 것들을 묶어 책으로 남기려 한다네."

내 안의 이야기를 훑어본 부하의 얼굴이 흙빛으로 변했어요.

"어르신, 왜 이런 책을 쓰십니까? 이리 부끄러운 역사를 기록하는 게 뭐가 도움이 된단 말입니까?"

그러자 유성룡님은 진지한 얼굴로 답했어요.

"부끄럽다니 그게 무슨 소린가. 어찌 그런 말을 하는가? 우리가 잘못을 하긴 했지. 하지만 잘못보다 부끄러운 것은, 그 잘못을 숨기거나 반성하지 않는 것일세. 나는 후손들이 이 책을 읽고 우리가 한 실수를 깨달아, 훗날 닥쳐올지도 모를 위기를 경계하고 준비할 수 있었으면 좋겠네."

그 말에 부하는 큰 깨달음을 얻은 듯 고개를 끄덕였어요. 그리고 나 역시, 나의 진정한 의미를 이해하고 크게 감동했지요.

"혹시 책의 제목은 정하셨습니까?"

부하의 말에 유성룡님이 대답했어요.

"조금 전 내 대답 속에 제목이 담겨 있다네. 이 책의 제목은 『징비록』이네."

이렇게 나의 이름이 생겼어요.

> 징계할 **징**懲 부끄러운 잘못을 스스로 꾸짖고
> 삼갈 **비**毖 여기서 교훈을 얻어 훗날의 위기를 준비하는
> 기록할 **록**錄 책

어때요, 임진왜란 때 대체 무슨 일이 있었는지 궁금하지 않나요? 내 안에 담긴 이야기들을 한번 읽어 볼래요?

『징비록』, 누구냐 넌?

 『징비록』은 조선 선조 때 영의정을 지낸 유성룡이 쓴 책이에요. 그는 벼슬에서 물러나, 고향 안동에 머물며 이 책을 썼지요.

 임진왜란은 1592년부터 1598년까지 7년에 걸쳐 우리나라를 침입한 일본과 치른 전쟁이에요. 수많은 백성들이 목숨을 잃었고, 한반도는 황폐해졌지요.

 유성룡은 참혹했던 전쟁의 기억을 쉽게 떨쳐 내지 못했어요. 조선이 다시는 이와 같은 불행을 겪지 않기를 바랐지요. 그래서 지난날 조정의 잘못을 반성하고 앞날을 대비하기 위해 이 책을 쓰게 되었어요.

 책의 제목 역시 '미리 징계하여 후환을 경계한다.'는 뜻을 담아 정하였어요. 오늘날 『징비록』은 임진왜란에 대해 알기 위해 반드시 읽어야 하는 고전으로 인정받고 있지요.

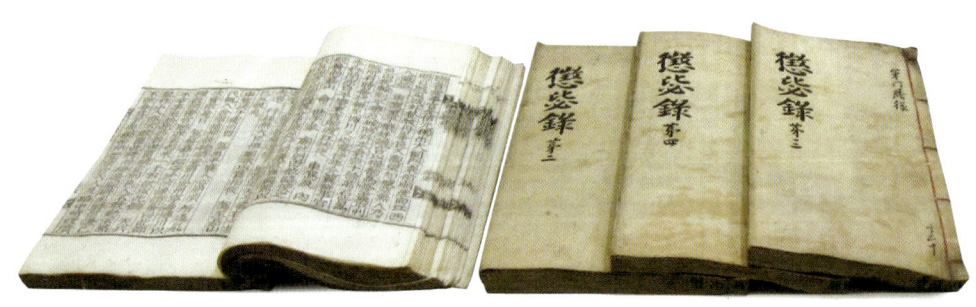

△ 『징비록』

『징비록』 속 의의와 가치 찾기

『징비록』이 임진왜란을 기록한 유일한 책은 아니에요. 하지만 임진왜란에 대해 가장 정확하게 기록한 책이라고는 할 수 있지요.

유성룡은 임진왜란 당시 조정을 지휘하는 중요한 직책을 맡고 있었어요. 조선에서 벌어지는 모든 사건들이 유성룡에게 보고되어, 그 누구보다 임진왜란을 정확하게 바라보고 판단할 수 있었지요.

그래서 조선과 일본의 전투, 조선·일본·명나라 사이에서 숨 가쁘게 펼쳐졌던 외교, 힘겨워하는 백성들의 모습, 전쟁에서 활약한 인물들에 대한 묘사와 평가까지 폭넓게 담을 수 있었어요. 『징비록』을 읽고 있으면 임진왜란 당시 조선의 상황이 마치 눈앞에 펼쳐지듯 생생하게 다가오지요.

또 『징비록』은 공정하게 쓰였다는 점에서 큰 의의가 있어요. 이때 조선에는 신하들이 여러 당파로 나뉘어 치열하게 다투는, '붕당 정치'가 펼쳐지고 있었어요. 유성룡 역시 '동인'이라는 당파에 속해 있었지요. 하지만 그는 당파에 얽매이지 않고 실력으로 사람을 평가하고 기록했어요. 그래서 『징비록』은 어느 역사책보다 객관적이고 공정하지요.

예부터 『징비록』의 가치는 우리나라는 물론 바다 건너 일본에까지 알려졌어요. 숙종은 이 책이 해외로 나가는 걸 걱정하여 수출을 엄격하게 금지했다는 기록이 전해져요. 오늘날에도 책으로서는 드물게 국보로 지정되어 그 가치를 인정받고 있답니다.

조선 시대 관리들은 왜 편을 나누어 싸웠을까?

"전쟁 징후가 있었지만 조선의 신하들은 대부분 크게 관심을 두지 않았어요. 나랏일은 뒤로한 채 편을 가르고 상대편을 공격하기에 바빴지요."

조선에서는 학문을 통해 백성을 깨치고, 나라를 발전시켜야 한다고 믿었어요. 그래서 과거를 치러 인재를 뽑았고, 많은 양반들이 과거 급제를 하기 위해 글공부에 전념했지요. 그 결과 뛰어난 학자들이 많이 나타났고, 그 학자들의 뜻을 따르는 사람들도 생겨났어요. 이렇게 학문적·정치적으로 같은 생각을 하는 모임을 일컬어 '붕당'이라고 해요. '당파'란 붕당 안에서 뜻을 같이하는 사람들끼리 만든 무리를 말하지요.

재미있는 사실을 하나 알려 줄까요? 이들 당파 중에 '동인', '서인' 등 동서의 방향으로 불린 무리가 있는데요. 이 이름은 경복궁을 기준으로 해서 당파의 우두머리가 사는 집의 위치로 정한 것이라고 해요.

붕당과 당파가 서로 힘을 합쳐 나라를 발전시켰으면 얼마나 좋았을까요? 하지만 안타깝게도 이들은 점차 무리의 이익에만 관심을 가지고, 싸움을 벌였어요. 그래서 다른 붕당이나 당파 사람들을 조정에서 쫓아내려고 노력했죠. 그러다 보니 어느새 나랏일은 뒷전이 되어 버린 거예요. 이렇게 붕당과 당파끼리 서로 싸우는 것을 '당쟁'이라고 하지요.

훈련도감은 무엇을 하는 곳이었을까?

" 오늘 훈련도감이라는 곳에서 유성룡님의 부하가 방문을 했어요. "

조선 사회는 학문을 숭상한 반면 무예는 천시했어요. 그 결과, 군사력이 약해졌고 임진왜란 초기에 일본에게 연전연패할 수밖에 없었죠. 이를 깨달은 유성룡은 1593년에 한양을 지킬 새로운 군대를 만들었어요. 그게 바로 '훈련도감'이에요.

그 전에는 급한 일이 있을 때마다 일반 백성들을 모아서 군대를 만들었어요. 그러다 보니 훈련이 잘되어 있지 않았지요. 하지만 훈련도감은 봉급을 주고 훈련을 시켜 직업 군인을 길러 냈어요. 임진왜란 때 일본 조총의 위력을 몸소 체험한 유성룡은 훈련도감 내에 조총 부대를 만들었지요.

1881년에 고종이 신식 군대인 별기군을 설치한 뒤, 훈련도감은 역사 속으로 사라졌답니다.

△ 훈련도감 터

붕당 정치는 무조건 나쁜 걸까?

 임진왜란 때 조선이 일본에게 속수무책으로 당했던 이유 중 하나로 붕당 정치를 꼽곤 해요. 조정의 신하들이 나라와 백성들의 안정보다는 자신이 속한 붕당의 이익만을 먼저 생각하느라 제대로 대응하지 못했다는 거죠. 임진왜란이 터졌을 때에도 서로 싸우기에만 바빴으니 그런 평가를 들을 만도 해요.

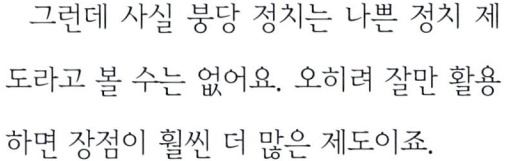

 그런데 사실 붕당 정치는 나쁜 정치 제도라고 볼 수는 없어요. 오히려 잘만 활용하면 장점이 훨씬 더 많은 제도이죠.
 붕당 정치의 좋은 점을 살펴볼까요?
 첫째, 붕당 정치는 혼자서 문제를 고민하는 것보다 더 좋은 방안을 내놓을 수 있어요. 오늘날에도 어려운 문제를 해결할 때 토론을 하는 것처럼 말이에요.
 둘째, 붕당끼리 서로 견제해서 어느 한쪽이 권력을 마음대로 휘두르는 것을 막을 수 있어요. 물론 서로 선의의 경쟁을 펼쳐야 하는 것이 중요하지요.
 실제로 조선 후기에 특정 가문이

권력을 잡고 휘두르는 '세도 정치'가 벌어졌어요. 세도 정치는 붕당 정치보다 더 큰 혼란을 불러일으켰지요.

이처럼 좋은 기능도 있지만 권력을 독차지하고자 하는 붕당의 욕심 때문에, 결국 붕당 정치는 실패한 정치 제도라는 평가를 받아요. 아무리 좋은 제도라도 어떻게 다루느냐에 따라 그 결과가 달라질 수 있다는 걸 일깨워 주는 예이지요.

유성룡의 『징비록』 vs 이순신의 『난중일기』

　『징비록』과 더불어 임진왜란을 살펴볼 수 있는 자료로 이순신의 『난중일기』가 있어요.

　『난중일기』는 이순신이 임진왜란 기간에 전쟁터에서 쓴 일기예요. 전쟁이 시작된 1592년부터 노량 해전에서 전사하기 전인 1598년 10월까지의 기록이 담겨 있지요.

　『난중일기』에는 매일매일의 상황과 적에 대한 이순신의 생각이 자세히 적혀 있어요. 그뿐만이 아니라 당시의 날씨, 전쟁터의 지리적 특징, 백성들의 생활 모습 등이 상세하게 기록되어 있지요.

　그래서 이 책을 읽으면 무인의 눈으로 바라본 임진왜란의 참상은 물론, 조정과 백성을 생각하는 이순신의 마음까지 느낄 수 있어요.

　『난중일기』처럼 군대를 지휘하는 장수가 전쟁터에서 겪은 일을 기록으로

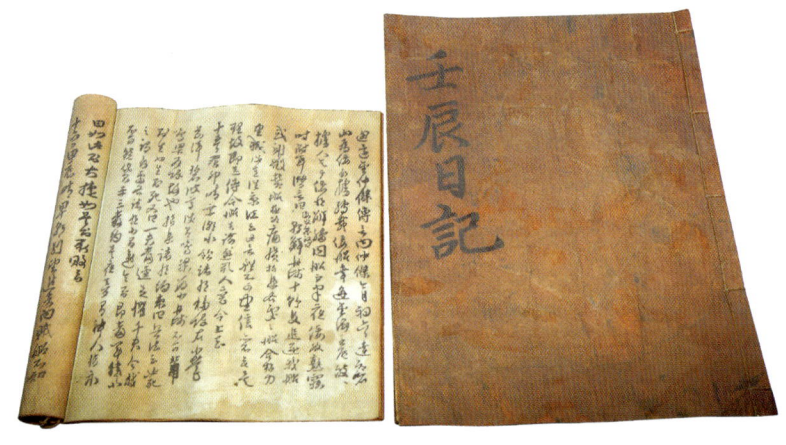

△ 『난중일기』 중 『임진일기』

남긴 경우는 흔치 않아요. 그런 이유에서 『난중일기』는 2013년 유네스코 세계 기록 유산으로 등재되었어요. 우리나라뿐 아니라 세계에서도 그 가치를 인정받은 것이지요.

『난중일기』와 비슷한 책으로 『북정록』이 있어요. 1658년 조선 효종 때 신류 장군이 청나라의 요청으로 만주에 있는 러시아 군대를 물리쳤어요. 신류 장군은 러시아 군대와 싸우는 동안 일기를 썼는데, 그것이 바로 『북정록』이에요.

△ 『북정록』

러시아 군대를 물리치러 떠나게 된 이유, 적의 상황과 전투 과정, 식량 이동 방법 등의 내용이 쓰여 있지요.

유성룡·이순신·신류가 남긴 기록들은 과거의 모습과 역사적 사건을 이해하는 것은 물론, 미래를 준비하는 데도 큰 도움을 주는 소중한 보물이랍니다.

2장

준비가 있으면 근심이 없다

징비록을 쓴 유성룡 이야기

일본

　1591년, 사신으로 일본에 갔던 황윤길과 김성일이 돌아왔어요. 그들이 받아 온 서신에는 충격적인 내용이 들어 있었지요.
　"우리 일본은 군사를 거느리고 명나라를 침공할 것이다."
　당시 좌의정이었던 유성룡은 깜짝 놀랐어요. 그래서 조정에 건의해 이 사실을 명나라에 알릴 것을 주장했죠. 조정에서는 유성룡의 의견을 받아들여 명나라로 사신을 보냈어요. 하지만 유성룡은 그것만으로는 부족하다고 생각했어요.
　'일본이 명나라로 쳐들어가기 위해서 반드시 조선을 지나갈 것이다. 우리 역시 일본을 막을 방책을 세워야 해.'
　유성룡은 사람들을 뽑아 경상, 전라, 충청 지방에 보냈어요. 그리고 그들로 하여금 무기를 준비하고 성을 쌓고 해자와 옹성을 수리하도록 일렀지요.
　하지만 오랫동안 평화로운 나날을 보냈던 백성들은 갑작스러운 공사에 저마다 불평을 늘어놓았어요.

그건 양반들도 예외는 아니었는데 한 선비는 직접 편지를 써서 유성룡에게 보내기도 했지요.

"우리 지역에는 큰 나루가 있소. 왜군*은 그 나루를 넘어올 엄두도 내지 못할 거요. 그런데 어찌 헛되게 성을 쌓는다고 백성들을 괴롭힐 수 있단 말이오?"

편지를 받은 유성룡은 답답함을 참지 못했어요.

"드넓은 바다도 쉬이 건너는 왜군인데, 어떻게 한 줄기 냇물로 막을 수 있다고 생각하는 것인가?"

---

*왜군 왜군은 일본 군대를 낮추어 이르던 말이고, 왜국은 일본을 낮추어 부르는 말이에요.

　그때 대부분의 사람들은 일본을 대수롭지 않게 생각하고 있었고 그건 조정의 신하들도 마찬가지였어요.

　그런데 유성룡의 눈에 비친 문제는 이뿐만이 아니었어요. 백성들의 불만을 감수하고 짓는 성에 문제가 많았거든요. 원래 성은 작더라도 견고하게 지어야 적을 막기에 좋아요. 그런데 다들 큰 성을 짓는 데만 몰두하고 있었지요.

　한 예로 경상도에 있던 진주성은 험한 지형을 이용해 지어서 적을 막기에 좋았어요. 하지만 큰 성을 지어야 한다며 평지로 옮겨 새로 지었죠. 그러다 보니 훗날 왜군이 쳐들어왔을 때에 쉽게

진주성을 빼앗기고 말았어요. 사방에서 몰려드는 적을 막아 내지 못했기 때문이에요. 성을 쌓는 문제만 보아도 알 수 있듯이 조선의 전쟁 준비는 점점 어긋나기만 했어요.

유성룡은 경상도를 지키고 있는 장군인 조대곤이 늙고 힘이 없어서 적을 막지 못할 것으로 생각했어요. 그래서 왕에게 장수를 바꾸자고 건의했지요.

"경상도에 명장 이일을 내려보내는 것이 좋을 것 같사옵니다."

하지만 유성룡의 의견은 묵살당했어요. 훌륭한 장수는 당연히 수도 한양을 지켜야 한다는 의견 때문이었지요.

'어허, 어차피 전쟁이 나면 적을 막으러 내려보내야 할 터인데, 능력 있는 장수를 미리 보내 준비하게 하는 것이 뭐가 어떻단 말인가?'

또 유성룡은 군사 제도를 바꿀 것도 주장했어요.

"과거에는 각 지역마다 장수들이 군사를 통솔하여 독자적으로 적을 방어했습니다. 하지만 현재는 군사들이 한꺼번에 움직여야 한다고 해서 가까운 곳에 적이 쳐들어와도 먼 곳에서 장수가 도착할 때까지 싸우지 못합니다. 이래서는 적이 기습해 쳐들어오면 제대로 싸우지도 못하고 패배할 것입니다. 그러니 제도를 다시 정비하여 평시에는 훈련에 전념하고, 전쟁이 일어났을 때는 한 곳에 집결할 수 있도록 하여야 할 것입니다."

하지만 여러 신하들이 군사 제도를 갑자기 바꾸면 혼란스러워질 것이라며 반대했지요.

결국 성 건축, 장수 선발, 군사 제도 정비 중 어느 것도 제대로 된 게 없었어요. 유성룡은 한숨을 내쉬었지요.

'준비만 제대로 해 놓으면 전쟁이 벌어져도 잘 대처할 수 있을 것인데……. 이대로 전쟁이 일어났다가는, 정말 큰 위험이 닥칠 게야.'

불행히도 유성룡의 생각은 현실이 되고 말았어요.

한숨이 절로, 임진왜란을 앞둔 조선의 군사 제도

『징비록』에는 조선 전기와 중기의 군사 제도 변화에 대해 자세히 기록되어 있어요.

조선 초기의 군사 제도는 '진관 체제'였어요. 세조 때 기틀이 마련되었는데, 군사적으로 중요한 지역마다 진관을 설치하고 그곳을 중심으로 적을 방어하는 제도예요.

유성룡은 『징비록』에서 이 제도의 장점으로, 적의 공격을 받아 하나의 진관이 패하더라도 다른 진관이 굳게 지키므로 지역이 한꺼번에 무너지는 일은 막을 수 있다고 설명했지요.

그러나 진관 체제도 문제점을 가지고 있었어요. 적의 숫자가 적을 때에는 위와 같은 방법으로도 충분히 방어할 수 있었지만, 적의 숫자가 많을 때에는 통하지 않았던 거예요.

1500년대에 들어서 북쪽의 여진족과 남쪽의 왜구가 많은 인원을 앞세워 국경을 어지럽히자, 조정에서는 군사 제도의 변화를 필요로 하게 되었어요. 그렇게 마련된 군사 제도가 '제승방략 체제'예요.

각 지역의 군사를 한곳에 모아 두었다가, 조정에서 내려온 장수의 지휘에 따라 전쟁터로 움직이도록 하는 것이었지요. 이 제도는 대규모의 적들과 맞서 싸우기에 좋다는 장점을 지녔지만, 마찬가지로 문제점도 가지고 있었어요.

실제로 임진왜란 초기에 수많은 조선 군대가 조정에서 보낸 장수가 도착하기도 전에 일본의 기습에 패해 죽거나 뿔뿔이 흩어져 버렸어요. 그뿐만이 아니라 가까운 곳에 적이 쳐들어온 것을 알아도 먼 곳에서 올 장수를 기다리느라 싸우지 못했지요.

유성룡은 제승방략 체제 대신 예전의 진관 체제로 돌아가야 한다고 주장했어요. 단순히 과거로 돌아가자는 것이 아니라, 진관 체제의 문제점을 보완해 좋은 점만 활용하자는 의견이었지요.

하지만 여러 신하들의 반대로 유성룡의 주장은 받아들여지지 않았어요. 만약 유성룡의 의견이 받아들여져 군사 제도를 정비했다면 전쟁의 흐름이 달라지지 않았을까요?

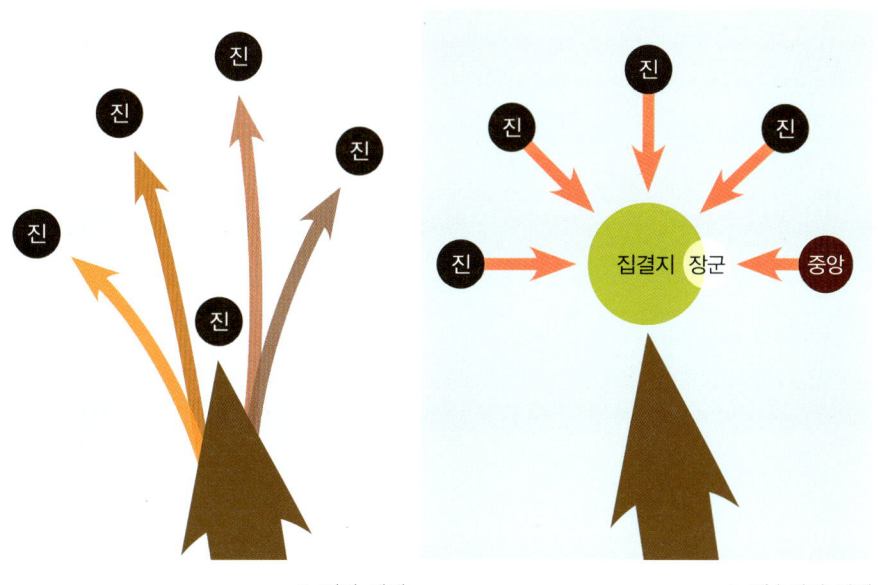

△ 진관 체제   △ 제승방략 체제

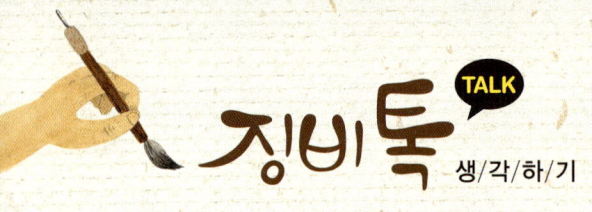

끝내 패배한 진주 대첩, 왜 임진왜란 3대 대첩일까?

❝ 훗날 왜군이 쳐들어왔을 때에 쉽게 진주성을 빼앗기고 말았지요. ❞

유성룡이 걱정한 것처럼, 괜스레 평지로 옮긴 진주성은 끝내 일본에게 함락되었어요. 하지만 결과가 그렇다는 것일 뿐, 진주성이 함락되는 과정은 그리 호락호락하지 않았지요. 이 전투를 가리켜 진주 대첩이라 하는데, 이는 이순신의 한산도 대첩, 권율의 행주 대첩과 함께 임진왜란 3대 대첩으로 손꼽힌답니다.

1592년 10월, 2만여 명의 일본 군사가 경상도와 전라도를 잇는 길목인 진주성으로 물밀듯이 쳐들어왔어요. 이때 진주성을 지키는 군사의 수는 고작 3,800여 명밖에 되지 않았지요.

하지만 김시민 장군과 군사, 그들을 따르던 백성들은 목숨 걸고 진주성을 지키기로 다짐했어요. 일본이 진주성을 지나 조선 최고의 곡창 지대인 전라도로 넘어가는 걸 막기 위해서였지요. 그들은 진주성이 무너지면 조선의 운명도 끝이라는 각오로 싸웠어요.

그 결과 일본으로부터 성을 지켰지요. 하지만 안타깝게도 김시민 장군이 목숨을 잃고 말아요. 이 1차 전투가 바로 임진왜란 3대 대첩 가운데 하나인 진주 대첩이랍니다.

2차 전투는 1593년에 벌어졌어요. 일본은 복수를 하겠다면서 다시 진주성을 공격했지요. 조선 군대와 백성들은 다시 한 번 힘을 모아 싸웠어요.

하지만 끝내 일본을 막아 내는 데 실패하고, 성을 내어 주고 말았답니다. 진주성 안으로 들어온 일본 군사들은 지난 패배에 대한 분풀이라도 하듯, 성안에 있던 사람들을 무참히 죽였어요.

이러한 와중에 '논개'라는 여인이 일본 장수를 끌어안고 강에 빠져 죽는 의로운 모습을 보여 주었지요.

진주성을 지키기 위해 수많은 사람들이 목숨을 바쳐 희생했어요. 끝내 함락되는 결과를 낳았지만, 그 숭고한 희생의 가치는 오늘날까지 빛을 발하고 있답니다.

△ 진주성

성 싫어! 백성들은 왜 불평을 했을까?

성, 해자, 옹성은 중요한 군사 시설이었어요.

성은 도시 주위에 벽을 두르거나 산세를 따라 쌓아 올려 적의 침입을 막는 역할을 했어요.

해자는 적의 침입을 막기 위해 성 주위에 둘러 판 못을 말해요. 못에 물을 채워 놓으면 적이 성 가까이 다가오는 것을 막을 수 있지요.

옹성은 성문을 보호하기 위해 쌓은 작은 성이에요. 성안으로 들어오려면 옹성을 먼저 통과해야 했지요. 또 성벽에서 밖으로 튀어나와 있어, 성문으로 향해 오는 적을 둘러싸서 공격할 수 있었어요.

유성룡은 일본의 침략에 대비해 성을 쌓고 해자와 옹성을 만들어야 한다고 주장했어요. 그래서 많은 백성들이 이런 군사 시설을 만드는 공사에 동원되었지요. 그런데 공사에 동원된 백성들이 투덜투덜 불평을 늘어놓았다고 해요.

그 이유는 바로 돈 한 푼 받지 못하고, 시도 때도 없이 불려 나와 일을 해야 했기 때문이에요.

조선 시대 백성들은 나라에서 큰 공사를 벌일 적에 일을 해야 할 의무를 가지고 있었어요. 그런데 문제는 그 일에 대한 보상이 없다는 것이었지요. 먹고살기 위해 한창 농사일을 해야 할 때에도 마찬가지였어요.

농사를 짓지 못하고 끌려가 공사를 하다 보니, 백성들은 점점 더 가난해졌고 생활이 어려워졌지요. 자기 한 몸과 가족의 배고픔도 해결하지 못하는데, 나라를 걱정할 정신이 없었던 거지요.

임진왜란이 코앞에 닥친 그때, 정성을 다해 짓지 못한 방어 시설은 결국 조선 백성들을 안전하게 지켜 주지 못했답니다.

유성룡보다 먼저 임진왜란을 예견한 율곡 이이

조선은 1392년 건국 이래로 200년 동안 태평성대를 누리고 있었어요. 강력한 외적의 침입 없이, 평화로운 나날이 계속되었지요.

'지금까지도 별일 없었는데 앞으로 무슨 일이 있겠어?'

조정의 신하들과 국방을 책임지는 장수들은 물론, 백성들까지도 이와 같은 생각을 가지고 있었답니다.

그런데 이들과 달리 언제 터질지 모르는 전쟁에 대비해야 한다고 주장한 사람이 있었어요. 그는 바로 조선을 대표하는 학자인 율곡 이이예요. 이이는 유성룡의 스승이었던 퇴계 이황과 함께 조선 시대를 대표하는 성리학자로 꼽혀요. 성리학은 중국 송나라에서 시작되어 조선 시대에 크게 발달한 유학의 한 갈래지요.

율곡 이이는 『동호문답』, 『성학집요』 등 많은 책을 남겼어요. 신분 차별 없이 인재를 뽑아야 하고, 가난한 백성을 위해 세금을 걷는 방법을 고쳐야 한다는 등의 주장을 펼치기도 했지요.

1583년 이이가 병조 판서 자리에 있을 때의 일이에요. 그는 조선의 군사력이 몹시 허술하다는 것을 깨닫고 선조를 찾았지요.

"오랫동안 나라가 태평하여 군대와 식량이 준비되어 있지 않습니다. 지금대로라면 강한 적이 쳐들어왔을 때에 어떤 방법으로도 당해 낼 수 없을 것입니다."

그러면서 이이는 조선을 지킬 십만의 군사를 길러야 한다고 주장했어요.

이것이 바로 '십만 양병설'이지요. 하지만 다른 신하들이 이 주장을 반대했어요. 십만 명이나 되는 군사를 키울 만큼 조선의 살림살이가 넉넉하지 않다는 이유에서였지요. 일어나지 않을지도 모르는 전쟁 때문에 국력을 낭비할 수는 없다며, 오히려 이이를 비난하는 이들도 있었어요. 이때는 일본이 통일된 국가를 이루지 못한 때이기도 했던 터라, 더욱 이이의 주장이 설득력을 얻지 못했지요.

그리고 다음 해, 이이는 세상을 떠나고 말았어요. 그로부터 약 10년 뒤, 임진왜란이 일어났지요. 전쟁 준비가 제대로 되어 있지 않은 조선은 일본에 당할 수밖에 없었어요.

만약 조정이 이이의 십만 양병설을 받아들였다면 어떻게 되었을까요? 수많은 백성들이 7년 동안이나 고통을 겪지 않고, 보다 일찍 전쟁을 끝마칠 수 있지 않았을까요?

"이이가 십만 군사를 양성하려고 하니 사람들이 모두 비웃으며 세상 물정에 어둡다고 하였다. 그런데 임진왜란이 일어나자 비로소 그의 밝은 식견에 승복하고 모두가 성인이라고 일컬었다. 참으로 보기 드문 인재이다."

훗날 조선의 17대 임금인 효종은 이이의 학식과 견문에 감탄하여 위와 같은 말을 남겼다고 해요.

△ 율곡 이이

일본

3장

눈 아래 사람이 없는지고

징비록 속 도요토미 히데요시 이야기

 임진왜란이 일어나기 전, 도요토미 히데요시가 일본을 통일했어요. 히데요시는 조선에 '다치바나 야스히로'라는 사신을 보냈지요. 조선도 일본에 사신을 보내라고 요구하기 위해서였어요.
 야스히로는 이전까지의 일본 사신과는 다르게 오만하기 짝이 없었어요. 한양으로 향하며 머무는 곳마다 가장 좋은 방에 묵기를 고집했고, 자신을 맞이하기 위해 창을 들고 정렬해 있는 백성들을 비웃었지요.
 "당신들 나라의 창은 몹시 짧군요."
 경상도 상주에서는 어처구니없는 말로 무례를 범했어요. 상주를 다스리던 송응형이 직접 그를 초대해 잔치를 벌였을 때의 일이지요. 그는 송응형에게 이렇게 말했어요.
 "나는 여러 해 동안 전쟁터를 누비느라 머리가 희어졌소이다. 그런데 그대는 아름다운 기생들의 노래 속에서 편안하게 사는데, 어찌 그리 머리가 희어졌소?"

야스히로의 오만함과 무례함을 가장 잘 보여 주는 건 '후추 사건'이에요. 이때 후추는 무척 귀한 향신료여서, 금과 맞먹을 정도로 비쌌어요.

 야스히로는 한양에서 벌어진 잔치에서 술에 취해 후추를 꺼내 던졌어요. 기생과 악공들이 일제히 달려들어 정신없이 후추를 주워 댔죠. 그 모습을 본 야스히로는 숙소에 돌아와 통역관에게 말했어요.

"조선이 망할 날도 얼마 남지 않은 것 같군. 아랫사람의 기강이 이렇게 흐트러졌으니, 나라가 망하지 않고 배기겠느냐."

하지만 이렇게 조선에서 오만한 행동을 일삼았던 야스히로의 끝은 비참하기 짝이 없었어요. 조선의 조정은 일본이 원하는 대로 해 주지 않았지요. 야스히로를 통해 '바닷길이 험해 사신을 보내지 못한다.'는 내용의 답신을 보냈지요.

이 소식을 들은 히데요시는 화가 잔뜩 나서, 야스히로를 죽이고 그의 가족까지 몰살시켰어요. 히데요시는 야스히로가 조선의 편에 선 게 아닐까 의심한 것 같아요. 야스히로 입장에서는 땅을 치고 억울해할 일이지요.

히데요시는 또 다른 사신 '요시토시'를 보내, 사신을 보내 주길 요청했어요. 바닷길에 익숙한 이를 보내니, 그와 함께 사신을 보내 달라는 것이었지요.

조선은 할 수 없이, 황윤길과 김성일 등을 사신으로 보냈어요. 그런데 사신을 대하는 일본의 태도가 여간 불쾌한 것이 아니었지요.

일본의 수도에 도착하기까지 몇 달 동안 여러 도시에서 시간을 끈 것은 물론, 수도에 도착한 뒤에도 히데요시가 전쟁터에서 돌아올 때까지 또 기다려야 했어요. 한참 만에 히데요시가 돌아왔지만, 이번에는 왕궁을 수리한다는 핑계로 사신들이 가져온 편지를 받지 않았지요. 결국 다섯 달이 지나서야 사신들은 겨우 선조의 편지를 히데요시에게 전할 수 있었어요.

이렇게 어렵게 만난 히데요시는 평범한 사람처럼 보였어요. 못생기고 얼굴빛이 검었지만, 단 하나 눈빛만은 오싹할 정도로 상대방을 꿰뚫어 보는 듯했지요.

그는 방석을 세 개나 깔고 남쪽을 향해 앉아, 검은 비단으로 만든 모자를 쓰고, 검은 옷을 입고 있었어요. 방 한가운데 덩그러니 놓인 탁자에는 떡 한 접시와 술 항아리 하나가 놓여 있었지요. 사신들을 마주한 뒤, 인사 또한 없었어요.

다른 나라의 사신을 대하는 자리라는 것이 무색할 정도로 예의 없는 대접이었지요.

히데요시는 잠시 앉아 있다가 이내 들어가더니, 평상복 차림으로 어린아이를 안고 나타났지요. 얼마 뒤, 아이가 오줌을 싸자 웃으며 하인을 불렀어요. 그러자 하인은 사신들이 보는 앞에서 태연하게 아이의 옷을 갈아입혔답니다.

이 모습을 본 황윤길과 김성일은 몹시 불쾌했어요. 하지만 이 무례한 행동이 사신들이 본 히데요시의 처음이자 마지막 모습이었지요. 그 뒤로는 히데요시의 그림자조차 볼 수 없었으니까요.

사신들은 일본의 너무나도 무례한 태도에 매우 분노했어요. 하지만 가장 화가 나는 건, 돌아갈 때가 되었는데도 일본으로부터 아무런 대꾸가 없는 것이었어요.

"우리는 조선의 사신으로, 임금의 뜻이 담긴 편지를 가지고 왔다. 그런데 답신을 가지고 가지 못한다면 허수아비를 만난 것과 무엇이 다르단 말인가?"

김성일이 분노해 따지고 들자, 황윤길이 말리고 나섰어요. 혹여나 일본에 더 붙들려 있게 될까 걱정이 됐기 때문이에요. 사신들이 조선으로 돌아가는 길, 일본의 답신이 도착했어요. 하지만 그 내용 또한 어찌나 거만한지, 몇 번이나 내용을 고쳐 오라 돌려보내야 했어요. 몇 번을 고친 편지에는 '군사를 이끌고 명나라를 치려 한다.'는 내용이 담겨 있었지요.

이렇게 온갖 수모를 겪은 사신들이 조선으로 돌아가는 길에 일본 백성들이 나와 선물을 전했어요. 하지만 이들은 그 어떤 선물도 받지 않았지요.

한편 조선으로 돌아오는 황윤길과 김성일 사신 일행에는 '야나가와 시게노부'와 승려 '겐소'도 포함되어 있었어요.

시게노부와 겐소가 '동평관'이라는 곳에 머물 때, 조정에서는 일본의 상황을 살펴보기 위해 이들을 술자리에 초대했어요.

술자리가 무르익을 무렵, 겐소가 말했지요.

"명나라와 일본의 국교가 끊긴 지 오래되었습니다. 결국 조공도 사라졌는데 관백*께서는 명나라의 이러한 처사에 매우 화가 나 있습니다. 곧 전쟁이라도 일어날 기세입니다. 만일 조선에서 이런 상황을 명나라에 전하고 조공을 다시 바칠 수 있도록 해 준다면, 일본은 물론 조선의 백성들도 평안할 것입니다."

그 자리에 함께했던 김성일은 이 말을 듣고 크게 화를 냈어요. 가만히 들어 보면 일본이 협박하는 거나 다를 바 없었거든요. 언제 전쟁을 일으킬지 모른다고 말이에요.

겐소도 지지 않고 대들었어요.

"예전에 원나라 군사를 일본에 인도하며, 침략을 도운 것이 누구입니까? 바로 고려가 아닙니까? 이번 일로 인해 조선 땅에서 전쟁이 벌어진다 해도 괜찮으시겠습니까? 우리는 고려에 대한

---

*관백 일본의 최고 지도자는 '천황'이라 불리는 왕이지만, 왕을 허수아비로 만들고 권력을 휘두르는 이가 존재했어요. 그를 가리켜 '관백(關白)'이라고 불렀답니다.

원수를 갚는다 생각하면 그만입니다."

시간이 흐를수록 겐소는 도가 지나친 행동을 했어요. 조정에서는 더 이상 겐소와 의견을 나눌 의미가 없다고 생각했지요.

일본 역시 조선이 자신들의 요구를 무시한다고 여기며, 조선을 먼저 공격하기로 결심하였답니다.

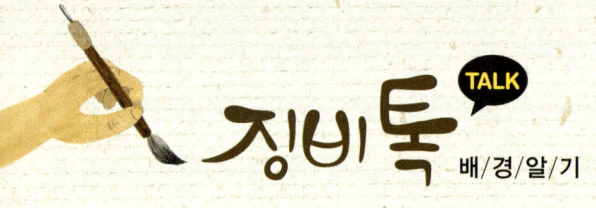

임진왜란 전 일본은 어땠을까?

조선은 건국 이후 임진왜란이 일어나기까지 200년 동안 큰 전쟁에 휘말린 적이 없었어요.

물론 북쪽 국경 지방에서 오랑캐와의 전투가 종종 벌어졌고, 남쪽 해안가에서 왜구의 노략질이 있기도 했지만 심각한 정도는 아니었지요. 그래서 백성들에게 전쟁은 그야말로 남의 나라 얘기였어요.

하지만 이웃 나라 일본은 사정이 달랐어요. 국토가 무려 66개로 갈라져, 세력을 다투었지요. 각 영주들은 저마다 더 많은 땅을 차지하기 위해 끊임없이 싸웠어요. 이 시기를 '전국 시대'라고 해요.

일본의 전국 시대는 무려 100년 넘게 이어졌어요. 그러다 마침내 '오다 노부나가'라는 영주가 통일을 눈앞에 두게 되었지요. 그런데 그는 부하에게 배신당해, 뜻을 이루지 못한 채 죽고 말아요. 노부나가의 뒤를 이은 사람이 바로 도요토미 히데요시예요.

일본을 통일한 히데요시는 항상 불안한 마음을 가지고 있었어요.

'혹시 다른 놈들이 내 자리를 빼앗겠다고 덤벼들면 어떡하지?'

그러던 히데요시에게 한 가지 좋은 꾀가 떠올랐어요. 바로 바다 건너 명나라와 전쟁을 벌이는 것이었지요. 커다란 적을 내세워 나라의 힘을 하나로 모아 존경을 얻고, 자신을 배신할지도 모를 다른 영주와 군사들을 전쟁에 내보내 그 힘을 약하게 만들려는 속셈이었어요.

이런 히데요시에게 조선은 어떤 의미였을까요? 그의 눈에 조선은 그저 명나라를 치러 가기 위해 지나가야 할 길, 그 이상 그 이하도 아니었어요.

그래서 조선에 그토록 무례하게 굴고, 명나라를 공격할 군사가 갈 테니 길을 비키라는 뜻이 담긴 편지를 보낸 것이에요.

하지만 조선은 그 편지에 담긴 내용을 정확히 이해하지 못했어요. 일본이 명나라를 공격하려 한다는 사실을 명나라에 전하고, 일본과 한패라는 의심을 벗은 것에 안도했지요.

그사이 일본은 시게노부와 승려 겐소를 통해 뜻을 더욱 자세히 전했어요. 그럼에도 조선이 반응이 없자, 요시토시를 다시 보냈지요. 그는 국경을 지키고 있던 조선 장수에게 말했지요.

"우리 일본은 명나라와 국교를 맺고 조공을 하려 하는데, 그 길을 열어 주어야 할 것이오. 그렇지 않으면 반드시 큰 화가 닥칠 것이오."

이 말을 전해 들은 조정은 여전히 태평하게 반응했어요. 그들의 무례함을 탓하며 아무런 답도 하지 않았지요. 그러자 요시토시는 크게 화를 내며 돌아갔어요.

이렇듯 조선이 자신들의 요구를 거절하자, 일본은 조선을 먼저 치기로 결심했어요. 그리하여 마침내 1592년 4월, 수십만 명의 일본 군사들이 부산에 당도했어요. 임진왜란의 시작이었죠.

고려는 왜 원나라를 도왔을까?

❝예전에 원나라 군사를 일본에 인도하며, 침략을 도운 것이 누구입니까? 바로 고려가 아닙니까?❞

승려 겐소의 말처럼 고려는 일본을 점령하려는 원나라 군사를 일본에 인도한 적이 있었어요. 고려가 일본에 어떤 나쁜 감정이 있어서 그리했었던 걸까요?

그런데 사실 고려가 스스로 나서서 원나라 군사를 일본에 인도한 것은 아니에요. 원나라의 협박 때문에 어쩔 수 없었던 것이지요. 이때 고려는 원나라의 간섭을 받고 있었거든요.

1200년대 몽골 족이 세력을 키워 중국 대륙을 차지했어요. 아시아와 유럽에 걸친 대제국을 건설한 몽골은 1231년에 고려를 침략했지요.

몽골은 30여 년 동안 여섯 차례나 침략했고, 고려는 맞서 싸웠어요. 그 결과 나라를 빼앗기지는 않았지만, 몽골이 세운 원나라의 간섭을 받는 신하의 나라가 되기로 약속했지요. 원나라는 자기들 멋대로 왕을 갈아 치우고 정치에 간섭했으며 여인과 보물 등을 빼앗아 갔어요.

고려를 굴복시킨 원나라는 이웃 나라인 일본까지 넘보았어요. 그러나 그들은 드넓은 벌판에서 말을 타는 데 능숙한 민족이었기 때문에 바다에 익숙하지 못했지요. 그래서 고려를 끌어들인 거예요. 고려는 원나라의 협박에 못 이겨 배와 군사를 내줄 수밖에 없었답니다.

강제로 고려와 연합한 원나라는 의기양양하게 일본으로 향했어요. 중국 대륙을 정복한 원나라였기에, 일본 정도는 쉽게 손에 넣으리라고 생각했지요. 하지만 두 번에 걸친 원나라의 일본 정벌은 결국 실패로 끝나고 말았답니다.

때마침 큰 태풍이 들이닥쳐 원나라와 고려의 군사를 실은 배들을 모조리 침몰시켜 버렸거든요. 일본은 그 태풍을 '신풍'이라 부르며 떠받들었어요. 태풍이 아니었다면 원나라에게 점령당했을지도 모르니, 그런 이름을 붙일 만도 해요.

어찌 됐건 중요한 사실은 고려가 원해서 원나라를 도운 것이 아니라는 거예요. 그리고 실제로 일본이 원나라의 지배를 받은 것도 아니고요. 또 이미 300년이나 지난 옛날 일이기도 했지요.

지난 일까지 들먹이며 조선을 겁주려는 일본, 정말 비겁하지요?

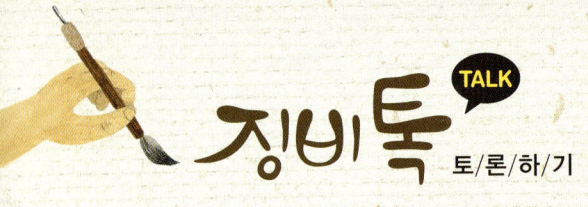

일본은 왜 명나라에 조공을 바치고 싶어 했을까?

조공이란 국력이 약한 나라가 국력이 강한 나라에 예물을 보내는 것을 말해요. 옛날 우리나라는 주로 중국에 조공을 바쳤지요.

사실 조공을 바친다는 것은 자존심이 상하는 일이에요. 조공을 바치는 쪽이 받는 쪽의 신하 나라라는 것을 인정하는 일이니까요.

그런데 왜 일본은 명나라에 조공을 보내고 싶어서 야단이었을까요? 그 이유는 바로 '조공의 원칙'에서 찾아볼 수 있어요.

조공의 원칙이란, 조공을 받으면 그보다 더 많은 물품을 답례로 주는 것을 말해요. 강한 나라가 약한 나라에게 체면을 차리기 위함이지요.

조선은 명나라에 종이·붓·인삼·도자기 등을 조공하고, 책·비단·약재 등을 답례품으로 받았어요. 답례품을 통해 조선은 명나라의 선진 문물과 기술을 받아들일 수 있었지요.

이런 이유로 조선은 자주 명나라에 조공을 바치고 싶어 했어요. 심지어 명나라는 3년에 한 번씩만 조공을 바치면 된다고 하였지만, 조선은 1년에 세 번씩 바치겠다고 주장하기도 했지요. 조공은 겉으로 보기에는 부끄러운 행동처럼 보일지 몰라도, 이처럼 조선에 많은 이익을 가져다주었어요.

일본도 조선처럼 이익을 얻고자 명나라에 조공을 바

치고 싶어 했어요. 조공을 바치고 싶다는 일본의 속뜻은, 선진 문물과 기술을 받아들이고 싶다는 의미예요.

하지만 명나라가 세워지기 전 중국 대륙을 차지했던 원나라가 일본 정벌에 실패하면서 틀어졌던 관계를 회복하지 못했던 것이지요.

안하무인 일본, 방약무인 거란! 거란을 잠재운 서희

힘이 좀 세졌다고 조선을 함부로 업신여기고 깔보는 일본의 행동에 절로 눈살이 찌푸려져요. 이런 모습을 고사성어로 '안하무인(眼下無人)'이라고 해요. 눈 아래에 사람이 없다는 뜻으로, 방자하고 교만하여 다른 사람을 업신여기는 것을 말하지요. 비슷한 말로 '방약무인(傍若無人)'이 있어요. 곁에 사람이 없는 것처럼 아무 거리낌 없이 함부로 말하고 행동하는 태도를 뜻하지요.

그런데 고려 시대에 거란도 일본 못지않게 무례한 행동을 했다고 해요. 거란은 예부터 중국 만주 지역에서 양과 소를 키우며 살아가던 부족이었어요. 그런데 그들이 힘을 키우더니, 요나라를 세우고 926년에는 고구려의 후손들이 세운 나라인 발해를 멸망시켰지요.

거란은 고려와 사이좋게 지내고 싶어서 사신을 보냈지만 고려는 이를 거부했어요. 거란은 점점 더 강해졌고, 마침내 중국 송나라의 영토까지 넘보는 정도가 되었어요. 거란은 먼저 송나라와 친하게 지내는 나라들을 하나씩 공격하기 시작하였죠. 송나라와 가까이 지내던 고려 또한 거란의 공격을 피하지 못했어요. 두려움에 떨던 고려 신하들은 거란이 원하는 것을 들어주며 전쟁을 멈춰야 한다고 주장했지요. 이런 나쁜 상황에서 고려의 사신으로 거란과 담판을 벌인 사람이 있어요. 바로 서희예요.

거란의 장군 소손녕은 서희가 찾아오자 엎드려 절을 하라고 했어요. 군사를 물려 줄 것을 부탁하러 온 처지라 여기고 함부로 대했던 거예요.

사실 소손녕의 생각이 틀린 건 아니었어요. 하지만 서희는 사신으로서의 자존심을 꺾지 않고, 당당히 말했지요.

"나는 고려의 사신이니 사신으로서 대우를 해 주십시오."

소손녕은 계속 말도 안 되는 억지를 늘어놓았어요.

"우리는 옛 고구려 땅 위에 세워졌고, 그대들은 옛 신라 땅 위에 세워졌다. 그대들이 조금씩 우리 땅을 침범하고 있는 것을 알고 있는가? 그뿐만이 아니다. 고려는 우리와 국경을 접하고 있으면서도, 바다 건너 송나라와만 친하니 참을 수 없다."

"우리야말로 고구려를 계승한 나라입니다. 그래서 나라 이름도 고려라고 지었지요. 그리고 고려와 거란이 국경을 접하다니요? 여진족이 가로막고 있어서 교류하기 어렵습니다. 만약 여진족을 내쫓고 다시 우리 땅으로 만들어 주신다면, 거란과 교류하면서 지낼 것입니다."

서희의 말에 소손녕은 아무런 대꾸를 하지 못했어요. 한편 서희의 말을 전해 들은 거란 조정은 고려가 화친을 제의한 것으로 판단해, 군사를 물리라고 했지요. 그뿐만이 아니라 여진족이 차지하고 있던 압록강 동쪽의 땅까지 돌려주었어요.

자칫 거란에 굴욕적으로 항복할 뻔한 고려는, 서희의 활약으로 오히려 영토를 늘릴 수 있었답니다.

4장

모든 일은
맺은 사람이 풀어야

징비록 속 김성일 이야기

일본을 통일하고 최고 권력자의 자리에 오른 도요토미 히데요시. 그는 조선에 수차례 사신을 보내 조선도 일본에 사신을 보내 줄 것을 요청했어요. 일본의 끈질긴 요구에 조선에서는 황윤길과 김성일 등을 사신으로 보냈지요.

1590년 3월 일본으로 떠났던 황윤길과 김성일 사신 일행은 이듬해 봄 조선으로 돌아왔어요. 황윤길과 김성일은 선조에게 사신으로서 보고 들은 바를 전하였지요. 그 자리에서 황윤길은 충격적인 말을 꺼냈어요.

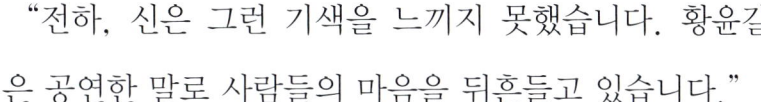

"아무리 봐도 머지않아 일본이 쳐들어올 것 같습니다. 그러니 이에 대비해야 합니다."

그런데 김성일의 보고는 이와 달랐어요.

"전하, 신은 그런 기색을 느끼지 못했습니다. 황윤길은 공연한 말로 사람들의 마음을 뒤흔들고 있습니다."

일본에 다녀온 두 사신이 전혀 다른 보고를 하자, 조정의 의견 역시 둘로 나뉘게 되었어요. 그러자 유성룡은 직접 김성일을 찾아가 물어보았지요.

"그대와 황윤길의 의견이 너무나도 다르니, 이게 어찌 된 일인가? 정말 전쟁이 일어나지 않는다고 확신하는가? 혹시라도 전쟁이 일어나면 어찌하려고 그러는가?"

그러자 김성일은 대답했어요.

"저 역시 일본이 쳐들어오지 않으리라고 생각하지는 않습니다. 하지만 황윤길의 말이 너무 강경하여 자칫 백성들이 크게 동요할까 걱정되어 그렇게 말하였습니다."

일 년 뒤 1592년 4월, 결국 일본이 조선에 쳐들어왔어요. 부산을 지키던 조선 장수들은 손 한 번 써 보지 못하고 무너지거나 도망쳤어요. 적들은 순식간에 부산을 휩쓸고 한양을 향해 올라왔지요.

이 소식을 들은 김성일은 밤낮으로 말을 달려 경상도로 내려갔어요. 적을 코앞에 둔 우리 장수들은 겁에 질려 달아날 생각밖에 하지 않았지요. 이 모습을 본 김성일은 큰 소리로 호통쳤어요. 그 순간 쇠로 된 탈을 쓴 왜군 하나가 칼을 휘두르며 달려왔고, 우리 군사의 활에 맞아 쓰러졌어요. 이를 본 왜군은 흩어져 달아났지요.

하지만 김성일은 이내 의금부*에 붙잡혀 갔어요. 일본에 사신

---

*의금부 조선 시대에 죄인을 잡아들이고 심문하던 관청이에요. 특히 반역을 저질렀거나 사회 질서를 어지럽힌 죄인을 다스리는 일을 주로 맡았지요.

으로 다녀온 뒤, 잘못된 보고를 올린 죄 때문이었어요. 목숨이 위태로운 순간에도 김성일은 자신과 가족보다 나라를 걱정하며 말했어요.

"나는 죄인이니 지금 죽어도 할 말이 없습니다. 그대들이 반드시 적을 물리쳐 주시오."

사실 임진왜란이 일어난 것에 대해 가장 큰 책임을 느낀 사람은 바로 김성일이었을 거예요. 그래서 책임을 지는 마음으로 누구보다 용맹하게 앞장서서 싸웠지요.

김성일이 의금부에 붙잡혀 한양으로 향하는 동안, 조정에서도 그의 진심을 이해하고 노여움을 풀었어요. 그리고 다시 중요한 관직에 앉혔지요.

그 뒤 김성일은 일본으로부터 경상도를 지키는 데 힘을 보탰답니다.

그것이 궁금하다! 김성일은 왜 거짓 보고를 했을까?

　사신으로 일본에 다녀온 김성일은 "일본은 전쟁을 일으키지 않을 것이다."라며 거짓 보고를 했어요. 유성룡이 김성일을 만난 자리에서 그 이유를 물어보자, 백성들이 전쟁에 대한 공포에 휩싸일까 봐 그랬다고 말했지요. 사실 그 말이 아주 틀린 것은 아니에요.

　"일본이 쳐들어올 것이다."라는 황윤길의 말은 순식간에 퍼져 나갔고, 백성들은 금세 혼란에 빠졌거든요. 그렇다고 해도 김성일의 거짓 보고가 정당화될 수는 없어요. 혼란에 빠지더라도 정확한 사실을 보고해, 전쟁을 준비할 수 있도록 하는 것이 더 옳은 선택이며, 더 나은 결과를 가져왔을 테니 말이에요.

　그런데 김성일이 황윤길과 전혀 다른 보고를 한 데에는 또 다른 이유도 숨어 있어요. 앞에서 이야기한 붕당 정치가 연관되어 있지요.

　황윤길과 김성일은 서로 당파가 달랐어요. 황윤길은 서인이었고 김성일은 동인이었지요. 이때 서인은 세자 책봉 문제로 선조의 미움을 사고 있었어요. 선조가 탐탁지 않아 하는 광해군을 세자로 책봉하자고 주장했기 때문이에요. 이런 상황에서 동인인 김성일은 서인인 황윤길의 말이 곱게 들리지 않았어요.

　'전쟁의 가능성을 과장되게 이야기해서 궁지에서 빠져나가려는 계략이 아닐까?'

　그래서 김성일은 황윤길과 반대되는 의견을 내놓았던 것이지요.

그렇다면 유성룡은 어째서 김성일의 말을 그대로 받아들였을까요? 그걸 알기 위해서는 유성룡과 김성일의 관계에 대해 알아야 해요. 두 사람은 같은 동인이면서, 퇴계 이황을 스승으로 모시고 공부했던 친구 사이였어요.

김성일은 "스승님은 제자들을 칭찬하신 적이 없는데, 유성룡에게만은 달랐다."고 놀라워하며 유성룡을 치켜세웠지요.

유성룡은 함께 공부한 친구이자, 같은 당파인 김성일의 말을 받아들이지 않을 수 없었을 거예요. 김성일이 틀렸음을 알면서도 어쩔 수 없이 그냥 넘어갔을 수도 있지요. 이때에는 같은 당파끼리 싸우는 것은 있을 수 없는 일이라고 여겼기 때문이에요.

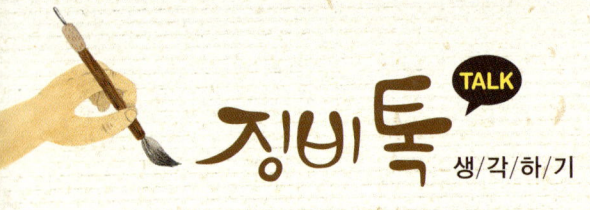

도요토미 히데요시가 조선에 사신을 요구한 진짜 이유!

❝일본을 통일하고 최고 권력자의 자리에 오른 도요토미 히데요시. 그는 조선에 수차례 사신을 보내 조선도 일본에 사신을 보내 줄 것을 요청했어요.❞

조선은 건국 이래로 '사대교린'이라는 외교 정책을 펼쳤어요. 중국과 같이 큰 나라를 받들어 섬기는 것을 '사대(事大)'라고 해요. 일본이나 여진 같은 나라와는 대등한 입장에서 사귀는 것을 '교린(交隣)'이라고 하지요.

그래서 명나라에 정기적으로 사신을 보내 조공을 바쳤고, 일본과 여진에 대해서는 회유책으로 달래고 강경책으로 강하게 대처하며 나라의 안정을 꾀했어요.

일본은 조선에 꾸준히 사신을 보냈어요. 하지만 조선은 일본을 한 수 아래로 여긴 까닭에 굳이 그들의 비위를 맞출 필요가 없다고 생각했지요. 그래서 사신을 보내지 않았어요. 일본에서도 이와 비슷한 생각을 가지고 있었기 때문에, 조선이 사신을 보내지 않는 것에 대해 큰 불만을 가지지 않았고요.

하지만 히데요시는 달랐어요. 그는 조선은 물론 명나라도 충분히 정복할 수 있다고 자신했지요. 그래서 더 이상 조선에 굽실거리는 외교 관계를 맺고 싶지 않았어요.

"우리는 자주 사신을 보냈지만 조선은 한 번도 사신을 보낸 적이 없다. 이것은 우리를 업신여긴다는 증거가 아니냐?"

그래서 끊임없이 사신을 보내 달라 요청한 것이에요. 결국 조선에서는 히데요시의 요구를 이기지 못하고 사신을 보냈지요.

그런데 사실 히데요시가 조선에 사신을 보낼 것을 요구한 진짜 목적은 따로 있었어요. 바로 명나라를 침략하겠다는 속내를 밝히고, 조선이 어떤 태도를 취할지 지켜보기 위해서였지요.

물론 조선은 일본의 속내를 알고도, 대수롭지 않게 여겼어요. 한낱 달걀에 불과한 일본이 바위와 같은 명나라를 친다니……. 말도 안 되는 일이라 여기고는 별 신경을 쓰지 않은 것이죠.

하지만 히데요시는 자신의 뜻을 이루어 내기로 결심했어요. 그러고는 명나라에 앞서 조선을 침략했답니다.

△ 도요토미 히데요시

붕당 정치는 어떻게 변화했을까?

붕당 정치는 선조 때 처음 생겨났다고 볼 수 있어요. 이때는 동인과 서인으로만 나뉘었지요.

동인은 주로 퇴계 이황의 제자들이었어요. 이황을 스승으로 모셨던 유성룡과 김성일 역시 동인에 속했지요. 서인은 십만 양병설을 주장했던 율곡 이이의 제자들로 구성되었고요.

동인과 서인은 서로 팽팽하게 세력을 키웠어요. 그러던 중 광해군을 세자로 정하자고 건의한 것이 화가 되어 서인이 무너지고 말지요. 광해군을 싫어하는 선조의 눈 밖에 났기 때문이에요. 그래서 한동안 동인이 우세하게 되었어요.

하지만 동인의 기세도 오래가진 못했어요. 동인 안에서 서인을 강력하게 공격하자는 북인과, 그러지 말고 온건하게 상대해야 한다는 남인으로 나뉘었기 때문이에요. 유성룡은 남인에 속하였지요.

그리고 얼마 뒤 광해군이 왕위에 올랐어요. 이때 광해군의 지지를 받은 북인이 세력을 잡았지요. 하지만 인조가 광해군을 몰아내고 새로운 왕이 되자, 북인은 조정에서 영영 자취를 감추고 말았답니다.

조정은 이제 인조가 왕이 되도록 도와준 서인이 지배하는 세상이 되었어요. 서인을 견제할 세력은 남인밖에 남지 않았지요. 그래서 인조 이후에는 오랫동안 세력을 가진 서인에게, 남인이 반기를 드는 형태로 붕당 정치가 이어졌어요.

세월이 흘러 숙종 때에 서인은 다시 노론과 소론으로 갈라져요. 한때는 같은 붕당이었던 노론과 소론은 남인을 대할 때보다 더 심하게 상대방을 공격했어요. 수많은 소론의 신하들이 노론의 음모에 희생당했지요.

이렇게 치열하게 다툼을 벌였던 붕당 정치는 1800년경 순조 때에 이르러 사라졌어요.

붕당과 당파가 모두 사라지고, 서로 화해해 마음을 합쳤느냐고요? 그럴 리가 있나요. 붕당 말고 새로운 세력이 나타났기 때문이에요.

어느 붕당이 아니라 특정 가문이 권력을 모두 손에 쥐는, 세도 정치 시대가 온 것이지요.

• 붕당 정치의 변화 과정

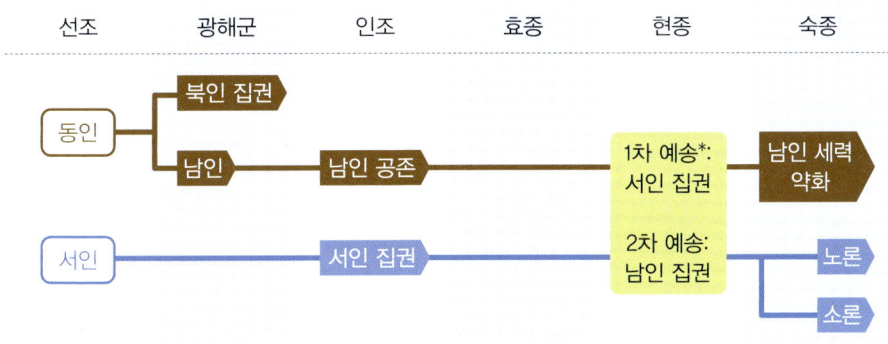

*예송 효종과 효종의 비가 죽자 서인과 남인이 상복을 입는 기간을 두고 논쟁을 벌였어요. 이를 '예송'이라고 해요. 예송은 단순한 예법에 대한 논쟁이 아니라 왕의 권위에 대한 두 붕당의 대립이었답니다.

조선 시대 임진왜란 vs 삼국 시대 나당 전쟁

일본이 임진왜란을 일으키기 전, 우리나라는 오랫동안 평화로웠다고 했지요? 그런데 시계를 거꾸로 돌려 천 년쯤 거슬러 올라가면, 한반도를 차지하기 위해 무던히도 애쓴 한 나라가 있어요. 바로 당나라예요.

조선은 고려를 무너뜨리고 들어선 나라예요. 고려는 통일 신라를 멸망시키고 세워진 나라였지요. 통일 신라는 한반도를 최초로 통일한 나라이고요. 신라가 통일을 이루기 전, 한반도는 고구려·백제·신라 삼국으로 나뉘어 있었지요. 이때를 삼국 시대라고 해요.

신라는 고구려와 백제를 무너뜨리고, 통일을 이루고 싶었어요. 하지만 힘이 부족하다는 것을 알았지요. 그래서 당나라에 도움을 요청했어요.

당나라는 순순히 신라의 부탁을 들어주었어요. 하지만 검은 속셈이 있었지요. 신라가 삼국을 통일하도록 도운 다음, 기회를 엿보아 한반도를 꿀꺽 집어 삼킬 계획이었던 거예요.

신라는 이런 사실을 모른 채 당나라와 힘을 합쳐 두 나라를 멸망시켰지요. 신라가 삼국 통일의 기쁨을 누리고 있던 그때, 당나라가 본색을 드러냈어요.

당나라는 한반도 땅에 마음대로 '도독부'와 '도호부'라는 관청을 세웠어요. 그러고는 신라의 왕을 그 관청의 수장이라고 칭했어요. 한반도를 자신들의 식민지로, 신라 왕을 식민지를 다스리는 관리로 여긴 것이지요.

당나라의 속셈을 알게 된 신라는 크게 후회했어요. 하지만 때는 이미 늦었지요. 이제 신라는 선택을 해야만 했어요. 강한 당나라에 복종하며 살아갈 것인가, 죽기 살기로 싸워 이 땅을 지켜 낼 것인가 하고 말이에요.

신라의 선택은 한반도에서 당나라를 몰아내는 것이었어요. 그래서 당나라가 만든 관청을 모두 없애고, 당나라가 관리하던 성을 빼앗았지요.

이에 당나라는 엄청난 숫자의 군사를 이끌고 쳐들어왔어요. 신라는 용감하게 맞서 싸웠지요.

신라는 매소성 전투와 기벌포 전투에서 크게 승리하며 결국 당나라를 몰아내는 데 성공했어요. 이를 나당 전쟁이라고 해요.

만일 이때 신라가 당나라와의 싸움을 포기했다면, 한반도는 중국의 일부가 되어 있었을지도 몰라요.

나당 전쟁에서의 승리는 어떠한 외세의 침략에도 절대 굴하지 않는, 우리 민족의 용맹함을 보여 주고 있답니다.

△ 매소성 전투도

5장
다시 일어나지 못하도다

징비록 속 이일 이야기

이일은 조정의 신임을 받는 장수였어요. 수차례 북쪽 오랑캐를 물리친 공을 인정받았기 때문이지요. 임진왜란이 일어나자 조정은 이일을 순변사*에 임명하고는 서둘러 군사들이 모여 있는 대구로 내려보냈어요.

그런데 군사들이 며칠을 기다려도 이일은 감감무소식이었어요. 오히려 왜군들이 빠르게 다가오고 있다는 소식만 들려왔지요. 게다가 큰비까지 내려 군사들의 고통은 말이 아니었어요.

"옷은 모두 젖고 양식은 바닥을 드러내었으니, 이제 어쩌면 좋단 말인가?"

"그러게 말이야. 순변사 나리는 대체 언제쯤 오시는 건지."

"이러지 말고 다들 도망가자고. 여기 있어 봐야 죽기밖에 더하겠나?"

지치고 겁에 질린 군사들은 하나둘 달아나고 말았어요.

***순변사** 조선 시대에 지방의 군사와 행정 기관을 돌아보고 조사하는 일을 하던 관리예요.

그 무렵 상주에 다다른 이일은 뒤늦게 소식을 듣고 적을 막기 위한 계획을 세웠어요. 관아의 식량을 내주어 그럭저럭 군사들을 모을 수 있었지요. 하지만 그 군사들은 대부분 식량을 얻기 위해 모인 농민들이었어요. 전쟁을 치러 본 경험이 없었지요.

전투를 앞둔 이일은 큰 실수를 하고 말았어요. 하나는 적의 정보를 알아내는 척후병을 보내지 않은 거예요. '적을 알고 나를 알면 백전백승'이라는 말처럼 전쟁에서 적에 대한 정보를 얻는 건 아주 중요한 일인데 말이에요.

또 하나의 실수는 왜군이 가까이 왔다는 사실을 알린 사람의 목을 베어 버린 것이에요. 헛된 정보로 군사들의 사기를 떨어뜨렸다는 이유에서였어요. 아무리 혼란을 막기 위한 일이라고 해도, 자신의 판단만으로 쉽게 사람을 죽이다니……. 장수로서 해서는 안 될 행동이었지요.

이를 지켜본 백성들은 왜군을 보더라도 말하지 못했어요. 자신들도 목숨을 잃게 될까 봐 겁이 났기 때문이에요. 그렇게 왜군은 소리 소문 없이 상주에 도달했어요.

"이렇게 코앞까지 왔는데 아무도 모르다니!"

왜군은 손쉽게 기습했어요. 이일의 군사들은 적의 위치와 규모도 모르고 갑작스러운 공격에 허둥댔지요.

　생소한 무기 조총*에서 쏟아져 날아오는 총알에 혼비백산했답니다.

　이렇게 이일의 잘못된 행동으로 군사 대부분이 상주에서 목숨을 잃고 말았어요. 그는 자신의 패배 소식을 들은 선조와 신하들이 큰 충격에 빠졌다는 사실도 모른 채, 허겁지겁 신립이 있는 탄금대로 향했지요. 말을 버리고 장수 갑옷을 벗고 머리를 풀어 헤친 채 달아났어요.

　탄금대에서 왜군을 물리쳐 지난번 패배를 만회하면 좋았겠지만, 이일은 그러지 못했어요.

──────
*조총 새끼줄에 불을 붙여 화약을 터뜨리고, 그 힘으로 총알을 발사시키는 총이에요. 일본은 포르투갈 상인들과 교역을 하면서 조총을 전해 받았지요.

또 한 번 왜군에게 속수무책으로 패하자 그는 동료인 신립과 군사들을 내팽개치고는 그대로 한양까지 줄행랑을 쳤지요.

하지만 선조와 유성룡을 비롯한 신하들은 이일에게 책임을 물어 벌을 내리기는커녕, 오히려 따뜻하게 맞아 주었어요. 그 덕분에 이일은 계속 장수로 전쟁터를 누비게 되지요.

무서운 조총? 조총 못지않은 조선의 무기들

　임진왜란 때 일본은 '조총'이라는 새로운 무기를 사용했어요. 전쟁 초기 일본에 사정없이 밀리긴 했지만, 조선도 이에 못지않은 무기를 가지고 있었지요.

　유성룡은 『징비록』에 임진왜란 때 조선이 사용한 여러 무기들을 자세하게 기록해 놓았어요.

　화약의 힘으로 탄알을 쏘는 무기를 통틀어 '총통'이라고 해요. 총통에는 여러 종류가 있는데 『징비록』에는 '현자총통'과 '승자총통'이 소개되어 있답니다.

　현자총통은 화약 주머니를 매단 화살이나 철로 된 구슬 등을 쏘던 화포예요. 특히 조선 수군의 주력 화포로 이용되었어요.

　승자총통은 휴대용 화포예요. 총구에 화약과 탄알을 집어넣은 다음 불을 붙여 발사시켰지요. 그런데 승자총통은 조총이 등장하면서 그 쓸모를 잃고 말았어요. 조총이 사용하기 더 편하고 위력도 셌거든요.

　'비격진천뢰'라는 무기도 있었어요. 선조 때 '군기시*'의 관리 이장손이 만들었지요. 겉모양은 무쇠로 만든 둥근 박처럼 생겼고, 그 안에는 화약과 쇳조각들을 집어넣었어요. 폭발하면 안에 있던 수많은 쇳조각들이 날아가 근처에 있는 사람이나 말에 박혀요. 단 한 번으로도 큰 피해를 줄 수 있는 무서운 무기였지요. 일본은 비격진천뢰를 무척 무서워했다고 해요.

---

*군기시 조선 시대에 무기를 만들던 관청이에요.

'대완구'는 바로 비격진천뢰를 쏘았던 화포예요. 이장손이 비격진천뢰를 발명하기 전에는 대완구에 돌을 넣어 쏘았지요. 대완구는 비격진천뢰를 약 500미터 떨어진 곳까지 날려 보낼 수 있었다고 해요.

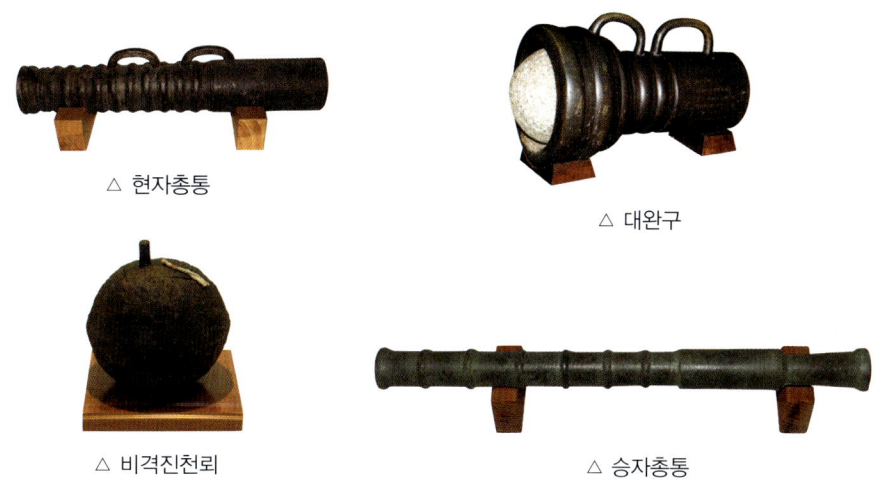

△ 현자총통

△ 대완구

△ 비격진천뢰

△ 승자총통

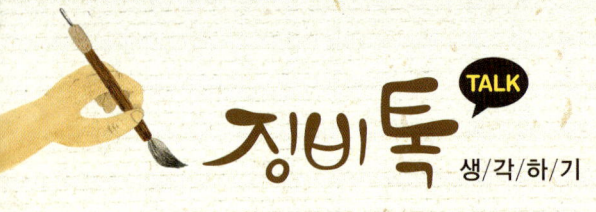

이일은 왜 갑옷을 벗고, 머리를 풀어 헤쳤을까?

> ❝말을 버리고 장수 갑옷을 벗고 머리를 풀어 헤친 채 달아났어요.❞

이일의 행동이 참으로 이상하지 않나요? 그냥 도망쳐도 될 텐데 왜 굳이 이렇게까지 한 것일까요?

그 이유는 바로 이일이 일본 군사에 붙잡힐 것을 걱정했기 때문이에요. 이일은 순변사로서 우리 군사를 이끌었어요. 장수 갑옷을 입었다는 것은 곧 지휘관임을 나타내니, 적의 표적이 돼 죽음을 피할 수 없었겠지요.

일본 입장에선 적의 장수를 살려 두는 것은, 나중에 다시 군사를 이끌고 나타날 기회를 주는 거나 마찬가지니까 말이에요.

또 일본에서는 붙잡은 장수를 죽이는 일을 당연하게 생각했어요. 전쟁터에서 장수가 적에게 붙잡힌다는 건 치욕스런 일이라 여겼기 때문이에요.

그런데 뭐, 이일이 장수 갑옷을 벗은 채 달아났으니 설사 일본 군사들이 그를 붙잡았다 해도 장수라고 생각하지는 않았을 거예요.

이일의 행동, 다시 생각해도 창피하고 부끄러워요. 아무리 죽는 게 두려웠더라도 부하들이 전쟁터에서 기꺼이 목숨을 내놓은

△ 조선 시대 장수들의 갑옷인 두정갑

마땅에 어떻게 그럴 수 있었을까요? 장수라는 자가 혼자만 살겠다고 도망치다니, 비난받아 마땅하지요.

임진왜란 때 이처럼 자신만 살겠다고 도망치는 장수들이 꽤 많았다고 해요. 이들이 용기를 내 적과 맞섰다면 어땠을까요?

유성룡은 왜 도망친 이일에게 잘해 주었을까?

　유성룡은 『징비록』에 일본에게 패하고 도망쳐 온 이일을 따뜻하게 맞아 주었다고 기록했어요. 이일에게 죄를 묻고 벌을 주어야 할 것 같은데, 의아하지요? 유성룡은 수많은 군사를 잃고 나라를 위험에 빠트린 이일이 원망스럽지 않았던 걸까요?

　사실 유성룡도 이일에게 화가 나고 속도 상했을 거예요. 하지만 이일은 상주와 탄금대에서 패배하기 전까지 조선을 대표하는 장수였어요. 명장으로서 이름을 널리 알렸고, 많은 이들의 존경을 받았지요. 수많은 군사들이 그를 믿고 따랐고요.

　그래서일까 이일이 살아서 나타나자 군사들이 무척 기뻐했다고 해요. 그런 이일을 몇 번의 싸움에서 패했다는 이유로 벌을 준다면, 군사들의 사기가 떨어질 것이 분명해 보였지요.

　그래서 유성룡은 이일에게 지난날의 잘못을 만회할 기회를 주는 게 더 낫다고 생각했어요. 한 명의 장수가 아쉬운 마당에, 이일을 함부로 내칠 수 없었지요.

　유성룡은 오랫동안 도망을 다니느라 고생한 이일에게 새 옷가지를 내어 주며 위로하였어요.

　"지금 이곳 사람들은 그대가 무사한 것에 큰 의미를 두고 있습니다. 이런 행색으로 어찌 사람들에게 믿음을 줄 수 있겠습니까?"

　그 뒤 이일은 조선의 장수로서 일본 군사에 맞서 최선을 다해 싸웠어요.

비록 커다란 공적을 세우지는 못했지만 평양성을 되찾는 데 힘을 보탰지요. 1593년 훈련도감이 설치된 뒤에는 군사를 훈련시키는 역할을 하기도 했고요.

이일의 잘못을 알면서도 벌을 주기보다, 더 나은 결과를 위해 만회할 기회를 준 유성룡의 판단이 참으로 현명하지요?

우리 역사 속 승장 vs 패장

우리나라에는 뛰어난 지략과 용기로 적을 물리친 명장이 많았어요. 반대로 안타깝게 패한 장수도 있지요. 우리 역사 속 승장·패장을 꼽아 볼까요?

《위대한 승리를 이끈 승장들》

■ 첫 번째 승장 - 고구려 을지문덕(?~?)

고구려 최고의 영웅이에요!

| 대표 전투 | 살수 대첩
598년 수나라가 고구려를 침략했지만 실패하고, 612년 다시 한 번 쳐들어왔어요. 이때 을지문덕은 수나라 30만 정예군을 살수(오늘날 평안북도 청천강)에서 몰살시켰지요. |
| 승리
key point | 을지문덕은 일부러 수나라 군사가 평양성 코앞까지 오도록 내버려 뒀어요. 먼 길을 이동하느라 지친 수나라 군사가 살수를 건널 때를 기다려 총공격을 퍼부었지요. 수나라 군사는 차가운 강에 빠져 대부분 목숨을 잃었답니다. |

■ 두 번째 승장 - 고려 강감찬(948년~1031년)

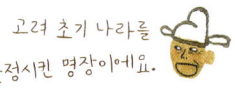
고려 초기 나라를 안정시킨 명장이에요.

| 대표 전투 | 귀주 대첩
1019년 거란이 10만 대군을 이끌고 고려를 침략했어요. 강감찬은 정예군을 꾸려 맞섰고, 큰 승리를 거두었지요. |
| 승리
key point | 강감찬은 흥화진에 군사를 숨기고 강물을 소가죽으로 막았어요. 거란이 강을 건널 때 막았던 강물을 흘려보내 공격했지요. 강감찬은 큰 피해를 입고 도망치는 거란을 끝까지 쫓았고, 귀주에서 전멸시켰답니다. |

《안타깝고 안타까운 패장들》

■ 첫 번째 패장 - 백제 계백(?~660년)

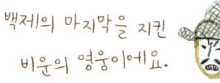
백제의 마지막을 지킨 비운의 영웅이에요.

패배의 순간 | 황산벌 전투
660년 신라·당나라(나당) 연합군이 백제에 쳐들어왔어요. 계백은 전투에 나서기 전 스스로 가족의 목숨을 거두며, 자신 또한 목숨을 걸고 싸울 것을 다짐했어요. 그리고 5,000명의 결사대를 이끌고 맞섰지요. 계백과 결사대는 열 배가 넘는 나당 연합군에 맞서 몇 차례나 승리를 거두었어요. 하지만 끝내 패배했지요.

운명의 라이벌 | 삼국 통일의 주역, 신라 김유신

■ 두 번째 패장 - 고려 최영(1316년~1388년)

패배의 순간 | 위화도 회군과 고려 멸망
고려를 괴롭히던 원나라가 멸망하고 명나라가 건국됐어요. 명나라는 고려가 원나라로부터 되찾은 영토를 내놓으라고 억지를 부렸지요. 이때 최영은 명나라와 싸워, 영토를 지켜야 한다고 했어요. 그리하여 이성계가 군사를 이끌고 명나라를 공격하러 떠났지요. 그런데 이성계는 명나라와 싸울 뜻이 없었고, 오히려 군사를 돌려 왕을 쫓아낸 뒤 권력을 차지했어요. 이를 '위화도 회군'이라고 해요. 최영은 이성계에 맞서 싸웠지만, 패하고 죽임을 당했답니다.

운명의 라이벌 | 조선을 세운 태조 이성계

고려를 침략하려 한 원나라에 맞선 고려를 대표하는 영웅이에요.

6장

사마귀가
수레바퀴를 막으랴

징비록 속 신립 이야기

왜군은 우왕좌왕하는 조선 군대를 쉬이 물리치며 기세등등하게 한양을 향해 움직였어요. 왜군이 빠르게 성을 함락시키고 있다는 소식이 조정에 전해졌지요. 선조는 다급하게 신립을 불러들였어요.

"부디 왜군을 물리쳐 조정과 백성들을 구해 주시오."

신립은 용맹하기로 손꼽히는 장수였어요. 6진*을 지키는 사령관이었을 때에는 툭하면 쳐들어오던 여진족을 모조리 물리쳤지요. 어떤 때는 고작 십여 명의 군사로 승리를 거두기도 했어요.

분명 신립은 용기와 실력을 갖춘 훌륭한 장수였어요. 하지만 장수로서 가지지 말아야 할 점도 지니고 있었지요.

신립은 일을 대충 하곤 했어요. 임진왜란이 일어나기 전, 그는 조정의 명을 받들어 경기도와 황해도를 둘러보았지요. 군사 시설과 지역의 상황을 파악하기 위해서였어요.

---

*6진 여진족의 침입에 대비해 두만강 하류 남쪽에 설치한 군사 요충지를 말해요. 오늘날 종성, 온성, 회령, 경원, 경흥, 부령이 이곳에 속하죠. 세종 대왕 때 처음 6진을 개척했어요.

　이 일을 제대로 하려면 꽤 오랜 시간이 필요한데, 그는 한 달 만에 일을 끝마쳤어요. 조정에는 모든 것이 좋다며, 활·화살· 창·칼 등 무기의 숫자만을 보고했지요. 그런데 정확하게 조사한 것이 아니어서, 실제로는 온전한 무기가 드물었다고 해요.

　또 신립은 적을 업신여기고 깔보았어요. 신립이 유성룡의 집을 방문했을 때의 일이에요. 유성룡이 말했지요.

　"왜군에겐 조총이란 신무기가 있소. 만만히 봐서는 안 되오."

하지만 신립은 자신만만한 말투로 유성룡에게 대꾸하였어요.

"조총이란 것이 어디 쏠 때마다 다 맞겠습니까?"

유성룡은 진심을 담은 충고를 하였어요. 하지만 신립은 왜군을 업신여기며 충고를 흘려 넘겼지요.

마지막으로 신립은 남의 말을 귀담아듣지 않았어요. 왜군을 물리치기 위해 군사를 이끌고 출발했을 때의 일이에요. 신립이 아끼던 군사 하나가 조용히 그를 찾아왔어요.

"적이 코앞까지 다가왔습니다. 이미 조령을 넘었사옵니다."

신립은 이 말이 사실인지 확인하기 위해 직접 나가 보았지만, 왜군을 발견하지 못했지요. 그래서 크게 화를 냈어요.

"어찌 거짓된 보고를 하여 군사들을 혼란스럽게 만드는 것이냐? 네 죄를 네가 알렷다!"

신립은 자신의 눈으로 확인하지 못했다는 이유만으로, 부하가 거짓된 보고를 올렸다고 단정 지었어요. 그리고 그 죄를 물어 부하를 죽여 버렸죠. 사실은 부하의 보고처럼 왜군이 코앞까지 다가와 있었는데도 말이에요. 자신이 본 것만 믿은 까닭에 애꿎은 부하를 잃고, 적의 공격에 대비할 시간도 잃은 거예요.

1592년 4월 신립은 탄금대에 진을 치고, 왜군을 맞을 준비를 했어요. 탄금대는 풀이 우거지고 발이 빠지는 습지여서, 사람과 말이 움직이기가 어려웠죠. 게다가 등 뒤로는 넓은 강이 흐르고 있어서, 최악의 경우 후퇴를 할 수도 없었어요.

이렇게 불리한 곳에 진을 친 신립은 곧 엄청난 수의 왜군을 맞이하였어요. 모든 상황이 불리하기만 했지요. 결국 신립은 자신을 따르는 수많은 부하들과 함께 강물에 빠져 죽고 말았답니다.

이제 왜군을 막을 조선 군사는 남아 있지 않았어요. 조선의 운명은 바람 앞의 등불과도 같았지요.

조선 vs 일본, 전쟁의 역사

예부터 우리나라는 왜구 때문에 골치를 앓았어요. 왜구는 우리나라와 중국의 바닷가에서 활동하던 일본 해적이지요.

우리나라는 고려 말부터 조선 초에 이르기까지 전국의 바닷가를 어지럽게 만든 왜구를 막기 위해 애썼어요. 군사를 보내 왜구를 물리치는가 하면, 그들을 달래기 위해 항구를 열어 왜관을 설치했지요. 왜관은 조선 시대에 일본인들이 머물면서 외교적인 업무와 무역을 하던 장소를 말해요.

이렇게 왜구들에게 열어 준 세 곳의 항구가 바로 부산포, 내이포, 염포예요. 이를 통틀어 '삼포*'라고 불렀지요.

조선은 일본과 가까이 지내려는 목적으로 삼포에 사는 일본인에게 세금을 걷지 않았어요. 하지만 세월이 지나면서 이것이 문제가 되었지요. 삼포의 일본인 수가 크게 늘어났거든요.

1506년, 중종이 즉위하고 삼포의 일본인들에게도 세금을 거두어들이라는 명이 떨어졌어요. 이에 불만을 품은 일본인들은 1510년에 난리를 일으켰지요.

삼포 안의 조선인 집에 불을 지르고, 목숨을 빼앗은 거예요. 이때 백성 270여 명이 죽고, 800여 채의 집이 불탔어요. 조정에서는 황급히 군사를 보내, 삼포의 일본인들을 내쫓았지요. 이 사건을 '삼포 왜란'이라고 해요.

---

*삼포 삼포는 모두 경상도에 위치해 있어요. 부산포는 부산 부산진, 내이포는 경상남도 진해, 염포는 울산 방어진과 장생포 사이예요.

삼포 왜란으로 조선과의 교역이 막히자, 일본은 어려움을 겪게 됐어요. 일본은 조선을 통해 여러 물자들을 전해 받아 왔기 때문이에요.

그래서 조선에 잘못을 빌며, 다시 교역을 허락해 달라고 사정했지요. 조선은 마지못해 내이포 한 곳만을 열어 주었어요.

얌전히 지내겠다고 약속했던 일본인들은 이내 또 말썽을 일으켰어요. 1544년에는 일본 배 20여 척이 경상도 통영의 사량진에 침입해 사람과 말을 끌고 갔지요. 1555년에는 70여 척의 일본 배가 전라도에 침입해 마을을 불태우고 도둑질을 했어요. 그러다 끝내 1592년에는 임진왜란까지 일으키고 말았지요.

△ 『신삼강행실도』에 실린 왜구의 모습

일본이 승승장구한 이유가 조총 덕분이라고?

"조총이란 것이 어디 쏠 때마다 다 맞겠습니까?"

유성룡은 일본의 새로운 무기인 조총에 대한 걱정이 많았어요. 하지만 유성룡과 신립이 나눈 대화에서 볼 수 있듯이, 신립은 조총을 대수롭지 않게 생각했지요. 제아무리 성능이 좋다한들, 쏠 때마다 다 맞힐 수 있겠느냐고 무시하면서 말이에요.

실제로는 어땠을까요? 놀랍게도 신립의 말이 맞았어요. 조총의 명중률은 그리 높지 않았거든요. 거리가 조금이라도 멀어지면 명중률은 급격히 떨어졌어요.

또, 한 번 사격하는 데 시간이 너무 오래 걸렸어요. 심지에 불을 붙여 화약이 터질 때까지 기다려야 했기 때문이에요. 조총 한 발을 쏠 동안 화살 여러 발을 쏠 수 있을 정도였지요. 게다가 비라도 내려 화약이 젖으면, 불이 붙지 않아 사용하지 못했어요.

이런 이유에서 임진왜란 때 조총 덕분에 일본이 승승장구하고, 조선이 고전을 면치 못했다는 건 사실이라고 볼 수 없어요.

사실 조총보다 무서운 건 조총을 들고 공격해 오는 왜군 그 자체였어요. 왜군은 정말 무시무시한 존재였지요.

일본은 조선을 침략하기 직전까지 나라가 66개로 나뉘어 있었다고 이야기했지요? 이 세력들은 더 넓은 영토를 차지하고, 나아가 나라를 통일하기 위해 끊임없이 싸웠어요. 무수히 많은 전쟁을 치르면서 이들은 강한 전투력을 갖추게 되었지요.

오랫동안 전쟁을 모르고 지냈던 조선의 군사들은 일본의 상대가 될 수 없었던 거예요.

우리나라에 조총이 처음 전해진 건 임진왜란이 일어나기 일 년 전이에요. 1591년 일본 대마도 영주가 선조에게 조총 한 자루를 선물했거든요. 임진왜란이 일어난 뒤, 조선에서도 본격적으로 조총을 사용하기 시작했어요. 왜군의 조총을 빼앗아 비슷하게 만든 것이지요. 하지만 이때의 조총 만드는 기술은 만족할 만한 수준이 아니었어요.

임진왜란이 끝난 뒤 조선은 더 나은 조총을 만들기 위해 애썼어요. 일본으로부터 조총 수천 자루를 들여왔고, 꾸준히 성능을 발전시켰어요.

1655년에는 제주도에 표류한 네덜란드 인 하멜 일행을 훈련도감에 보내, 새로운 조총을 만드는 데 힘을 보태게 했지요.

그 결과 조선 조총의 우수성이 널리 알려지게 되었어요. 1657년에는 청나라에서 조총을 무역해 줄 것을 요청하기도 했지요.

△ 임진왜란 때 일본이 사용한 조총

탄금대는 정말 불리한 지형이었을까?

　신립은 탄금대에서 일본에 크게 패했어요. 신립이 무너진 뒤, 일본을 막을 조선 군사는 더 이상 없었지요. 그렇게 일본은 손쉽게 한양으로 들어왔어요. 이런 이유로 많은 사람들이 신립이 탄금대에 진을 친 것을 안타깝게 생각했어요. 탄금대 대신 산세가 험한 조령에 진을 쳤다면, 하고 아쉬워했지요. 더불어 조령 대신 탄금대에서 싸운 신립의 작전은 두고두고 잘못된 것으로 평가받았고요.

　그런데 조선 최고의 장수로 손꼽히던 신립은 왜 탄금대에 진을 쳤을까요? 신립은 지형을 이용할 줄 모르는 어리석은 장수였던 걸까요? 이에 대해 많은 역사학자들이 신립 대신 입을 열었어요.

　조령이 산세가 험해 적을 공격하기에 유리한 지형이었던 것은 사실이에요. 조용히 숨어 있다가, 산길을 지나는 적을 기습하기에 좋았거든요. 하지만 기병*을 활용하기에 좋은 장소는 아니었어요. 또 자칫 적에게 둘러싸여

---

*기병 말을 타고 공격하는 군사예요.

갇힐 수 있는 위험도 있었지요.

탄금대는 사면 가운데 삼면이 풀·습지·강으로 둘러싸여 있었어요. 그렇기 때문에 나머지 한 곳만 제대로 막아 내면 되었지요. 또 기병을 이용한 작전을 활용할 수도 있었어요. 그래서 신립이 조령 대신 탄금대에 진을 쳤다는 거예요.

만약 신립이 탄금대에서 일본을 물리쳤다면 어땠을까요? 그곳에 진을 친 신립의 작전은 크게 평가받지 않았을까요?

탄금대는 최고의 작전 장소야.
삼면이 풀·습지·강으로 둘러싸여 있어서
한 곳만 막으면 돼!

탄금대는 최악의 작전 장소야.
삼면이 풀·습지·강으로 둘러싸여 있어서
움직이기 힘들고 도망칠 곳도 없어!

산 넘어 또 산! 임진왜란 넘으니 병자호란!

　1592년에 일어난 임진왜란은 1598년에서야 끝이 났어요. 7년에 걸친 전쟁으로 조선은 그야말로 쑥대밭이 되고 말았지요. 백성들은 엉망이 된 논과 밭을 되살리고, 삶의 터전을 일구느라 크게 고생을 해야 했어요.

　그런데 임진왜란의 아픔이 채 가시기도 전에, 또 한 번의 큰 전쟁이 일어나고 말았어요. 그 전쟁은 바로 '병자호란'이에요.

　우리나라가 임진왜란을 치르고 추스르는 동안 중국에는 여진족이 세력을 키워 '후금'이라는 나라를 세웠어요. 후금은 중국 대륙 대부분을 차지하고 있던 명나라를 공격했지요. 조선에게는 복종할 것을 명령했고요. 임진왜란 중 세자가 되고, 선조의 뒤를 이어 왕위에 오른 광해군은 후금이 녹록치 않은 힘을 가졌다고 생각했어요. 그래서 후금과 명나라 사이에서 중립적인 태도를 취하며, 비위를 거스르지 않으려 노력했지요.

　그런데 얼마 지나지 않아 인조가 광해군을 몰아내고 왕이 되었어요. 인조는 후금을 오랑캐라고 업신여기며, 명나라를 섬겼지요.

　이에 후금은 1627년에 군사를 이끌고 조선을 침략했어요. 이를 '정묘호란'이라고 해요. 인조는 강화로 피란을 떠나야 했지요. 이 전쟁으로 인해 조선은 어쩔 수 없이 후금과 형제의 나라가 되는 조약을 맺어야 했어요.

　후금은 점점 세력을 키웠어요. 그러더니 끝내 명나라를 멸망시켰지요.

　중국 대륙을 차지한 후금은 '청나라'로 이름을 바꾸었어요. 그러고는 조선에 청나라의 신하 나라가 되라고 요구했지요. 조선은 이 요구를 받아들이지 않았고요. 그러자 청나라는 1636년에 군사를 이끌고 조선에 쳐들어왔어요. 이것이 바로 병자호란이에요.

강력한 힘을 가진 청나라 군대는 순식간에 한양 근처까지 밀고 내려왔어요. 인조는 급히 한양을 떠나 남한산성으로 몸을 피했지요. 청나라는 더욱 거세게 공격했고, 인조는 끝내 버텨 내지 못했어요. 그래서 남한산성에서 나와 항복했지요. 인조는 청나라 태종이 있는 삼전도*로 향했어요. 그곳에서 청나라 태종에게 항복의 예를 갖추어야 했지요.

항복의 예란 태종에게 세 번 절하고 아홉 번 머리를 조아리는 것이었어요. 이때 반드시 바닥에 머리 부딪히는 소리가 크게 나야 했지요. 이렇게 항복의 예를 마친 인조의 이마에서는 피가 흘러내렸다고 해요. 이 사건을 '삼전도의 굴욕'이라고 부르지요.

이렇게 두 번에 걸쳐 전쟁을 치르는 동안 백성들은 큰 고통을 겪어야 했어요. 수많은 사람들이 목숨을 잃고, 애써 일군 집과 논밭은 또다시 엉망이 되었답니다.

△ 삼전도비

***삼전도** 한양과 남한산성을 이어 주던 나루터를 말해요.

7장

이러지도 저러지도 못하고

징비록 속 선조 이야기

　임진왜란이 일어난 뒤, 조선은 한동안 일본에 패하기만 했어요. 임금이 있는 한양도 바람 앞의 등불처럼 위태로운 상황에 이르렀지요. 이에 백성들은 물론 선조와 신하들도 두려움에 떨었어요.

　"잠시 한양을 떠나 몸을 피하시는 게 좋을 것 같사옵니다."

　"결코 한양을 버려서는 아니 되옵니다."

　신하들은 피란을 떠나자는 쪽과 그래서는 안 된다는 쪽으로 나뉘어 다투었어요.

　"종묘사직*이 모두 이곳에 있는데 내가 어디로 갈 수 있단 말인가?"

　이러지도 저러지도 못하던 선조는 일단 한양을 떠나지 않기로 했어요. 왜군을 물리치고 돌아오겠다며 큰소리를 치고 떠난 신립을 믿었거든요.

***종묘사직** '종묘'는 조선 시대에, 역대 임금과 왕비의 위패를 모시던 왕실의 사당이에요. '사직'은 우리나라와 중국에서 새로 나라를 세울 때 제사를 지낸, 토지신과 곡신을 이르는 말이지요. 즉 종묘사직은 왕실과 나라를 뜻해요.

선조와 신하들은 신립이 승리했다는 소식이 전해지기를 손꼽아 기다렸어요. 하지만 기대와 달리 신립은 패하고, 목숨까지 잃고 말았지요. 왜군은 거침없이 한양으로 향하고 있었고요. 선조는 큰 충격에 빠졌어요.

"신립마저 패했으니 이제 어찌하면 좋단 말인가?"

"전하, 상황이 이러하니 몸을 피하시는 게 좋을 것 같습니다. 어서 평양으로 떠나셔야 합니다."

왜군이 두려웠던 선조는 결국 도망치기로 결정했어요. 그러자 몇몇 신하들이 울며 애원하였죠.

"전하, 바라옵건대 반드시 한양을 지키셔야 합니다."

"백성들을 두고 가시면 아니 되옵니다."

유성룡도 그들의 말이 옳다는 것을 잘 알았어요.

임금이 수도를 버리고 피란을 가겠다는 건, 아버지가 혼자만 살겠다고 가족과 집을 버리고 도망치는 것과 다를 바 없었거든요. 하지만 도저히 피란을 가지 않을 수 없는 상황이라고 판단했지요. 우선은 임금을 피신시킨 뒤, 대책을 마련하는 게 옳다고 생각한 거예요.

1592년 4월 30일 마침내 선조는 한양을 떠났어요. 백성들은 길 양쪽에 늘어서 왕의 행렬을 지켜보며 슬피 울었지요. 때마침 비까지 내렸어요. 하늘도 백성들을 따라 우는 것만 같았지요.

"나라님이 백성을 버리시면, 앞으로 누굴 믿고 살아간단 말입니까?"

선조와 신하들은 며칠을 굶고 잠도 못 자는 고생 끝에 간신히 평양에 도착했어요.

한편 선조가 떠난 한양에 왜군이 들이닥쳤어요. 조선에 쳐들어온 지 고작 20여 일만이었지요. 왜군은 선조가 도망쳤다는 사실을 알고는 서둘러 뒤쫓았어요. 왜군이 평양을 코앞에 두고 있다는 소식이 전해지자, 신하들은 다시 의주로 도망칠 것을 주장했지요. 선조는 못 이기는 척 따르기로 했고요. 그런데 유성룡이 한양을 떠나올 때와는 달리 강하게 반대했어요.

"한양에서는 전하를 지킬 군사가 모두 흩어져 어찌할 방도가

없었습니다. 하지만 지금은 다릅니다. 평양은 큰 강이 앞을 가로막고 있는 데다, 백성들 또한 이곳을 지키겠다며 굳게 다짐하고 있습니다. 조금만 버티면 명나라에서 우리를 도울 군사를 보내 줄 것입니다. 왜군은 의주까지도 쫓아올 것이 분명하고, 의주 뒤로는 더 이상 물러날 곳도 없습니다. 이러다 자칫 나라가 멸망하게 될까 걱정되옵니다."

유성룡은 눈물을 흘리면서 평양을 버리지 말 것을 간청했지만, 선조는 뜻을 굽히지 않았지요. 다만 이렇게 말할 뿐이었어요.

"이 모든 게 다 내 탓이로구나."

결국 선조는 평양도 버리고 의주로 피란을 떠났어요. 유성룡은 선조를 따라가지 않고 평양에 남았지요. 그리고 이날 왜군이 평양성을 공격했어요. 명나라 군대가 도착하기 전이었지요. 이렇게 조선은 평양성 또한 빼앗기고 말았답니다.

말 한 마디로 왕이 된 선조

　많은 역사학자들이 선조에 대해 좋지 않은 평가를 내려요. 여러 차례 전쟁 징후가 있었음에도 대책을 마련하지 않았고, 전쟁이 일어나자 수도와 백성을 버리고 몸을 피했기 때문이지요.

　역사에서 '만약'이라는 상상은 큰 의미가 없지만, 선조 대신 다른 사람이 왕이 되었다면 어땠을까요?

　흔히 조선 시대엔 대를 이어 왕위를 계승했다고 생각해요. 왕이 맏아들에게 왕위를 물려주었다고 말이에요. 그런데 사실 27명의 왕 가운데, 이렇게 왕위를 물려받은 왕은 딱 7명뿐이에요. 그 외 왕들은 맏아들이 아니거나, 왕의 친척이었지요.

　선조는 명종의 총애를 받아 그 뒤를 이어 왕이 됐어요. 이에 얽힌 이야기를 알아볼까요?

　명종에게는 왕위를 이을 아들이 없었어요. 세자가 어려서 목숨을 잃었기 때문이에요. 그래서 왕족들 중에서 후계자를 찾으려고 했었지요.

　명종이 직접 왕족들을 교육할 때의 일이에요. 그는 임금이 쓰는 모자인 익선관을 가져다 놓고 말했지요.

　"너희들의 머리가 큰지 작은지 알아보려고 하니, 이 익선관을 써 보도록 하여라."

　왕족들은 서둘러 익선관을 썼어요. 오직 임금만이 쓸 수 있는 모자를 쓸 수 있다니, 마음이 들떴지요. 그러나 어린 선조는 두 손으로 익선관을 받들어 도로 가져다 놓았어요.

"너는 어째서 익선관을 쓰지 않는 것이냐?"

"이것이 어찌 보통 사람이 쓸 수 있는 것이겠습니까?"

이 말을 들은 명종은 어린 선조를 기특하게 여겼고, 왕위를 넘겨줄 생각을 하게 됐다고 해요. 그는 어린 선조에게 훌륭한 신하들을 스승으로 붙여 주며, 학업에 정진하도록 도와주었지요.

그러던 어느 날 갑작스럽게 명종이 세상을 떠났고, 명종의 뜻에 따라 선조가 왕위에 올랐어요.

어때요? 말 한 마디를 잘해 왕위를 잇게 되다니, 선조는 참으로 운이 좋은 사람 같지요?

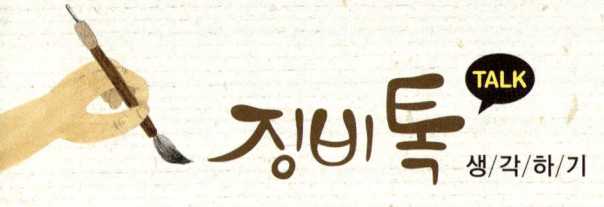

조선의 임금만 사로잡으면 전쟁이 끝난다?

" 선조가 떠난 한양에 왜군이 들이닥쳤어요. 조선에 쳐들어온 지 고작 20여 일만이었지요. "

일본 군사들은 부산에 도착하자마자, 무서운 속도로 한양을 향해 올라왔어요. 조선 군사들이 맞서 보았지만, 도무지 상대가 되지 못했지요. 일본은 고작 20여 일만에 한양을 점령했답니다.

한양에서 부산까지 거리는 약 450킬로미터예요. 20여 일만에 한양에 도착하려면, 하루에 20킬로미터가 넘는 거리를 이동해야 하지요. 그냥 걷기만 해도 힘겨울 거리인데, 조선 군사들과 전투까지 치러 가며 이런 속도를 냈다니……. 놀라운 일이 아닐 수 없어요.

그런데 사실 일본은 이렇게 빠른 속도를 내기 위해 무리를 감수하며 서둘렀다고 해요. 일본이 이렇게 급히 한양으로 올라온 이유는 무엇일까요? 그 이유는 하루라도 빨리 조선과의 전쟁을 끝내고, 명나라로 향하고 싶었기 때문이에요.

일본은 조선과 전쟁을 길게 하고 싶지 않았어요. 일본의 진짜 목표는 조선이 아니라 명나라였기 때문이지요. 괜히 조선에서 힘을 뺄 필요가 없다고 생각한 거예요. 그래서 최대한 빨리 한양으로 향해, 선조를 사로잡으려 했지요. 조선의 임금을 손에 넣으면, 전쟁은 끝이라고 생각했거든요.

그런데 일본이 한양에 도착했을 때, 궁궐은 텅 비어 있었어요. 선조가 수도를 버리고 피란을 떠났기 때문이에요.

일본은 임금이 수도를 버리고 도망친 사실에 어안이 벙벙했어요. 일본에서는 영주 즉 지도자가 자신의 영토를 버리고 도망치는 법이 없었거든요. 비겁하게 도망을 치는 건 무사로서 해서는 안 될 행동이라고 생각했기 때문이에요.

그래서 선조도 한양에서 자신들을 기다리며 맞서 싸울 거라 예상했지요. 하지만 그 예상은 보기 좋게 빗나가고 말았어요.

일본은 크게 당황했지만 서둘러 선조를 뒤쫓았어요. 그와 동시에 빨리 전쟁을 끝내려던 계획이 틀어지게 될 것을 예감했지요.

△ 임진왜란 초기 일본의 진군 방향

7장 이러지도 저러지도 못하고

선조는 왜 한양을 지키려 하지 않았을까?

　한양은 조선의 수도였어요. 수도인 만큼, 다른 어떤 곳보다 튼튼하게 성을 쌓아 놓았지요. 선조와 신하들이 굳게 마음만 먹었다면, 한양에서 일본을 막아 낼 수 있었을지도 몰라요.

　실제로 일본은 한양에 도착한 뒤, 한양을 둘러싼 성을 보고 크게 고민했다고 해요. 저 크고 견고한 성을 어떻게 점령할까 하고 말이에요.

　그런데 가만히 살펴보니 이상했어요. 성의 남쪽 숭례문이 훤하게 열려 있었거든요.

　선조가 한양을 버리고 도망쳤다는 사실을 몰랐던 일본은, 성문이 열려 있음에도 선뜻 들어가기를 망설였어요. 주변에 군사를 숨기고 일부러 성문을 열어 놓은 것은 아닐까 의심했기 때문이에요. 임금은 물론 군사들도 도망을 쳐 지키는 이가 아무도 없어 문이 열려 있는 거라고 꿈에도 생각지 않은 것이지요.

　일본은 며칠 동안 성 밖에서 눈치를 본 끝에, 자신들이 잘못 생각했음을 깨달았어요. 그러고는 물밀듯이 성안으로 쏟아져 들어왔지요.

　이렇듯 튼튼한 성벽을 가졌음에도 선조가 수도를 버린 이유는 무엇일까요? 그건 이때 한양을 지킬 군사의 수가 너무나 적었기 때문이에요. 전투를 치를 준비가 전혀 되어 있지 않았거든요.

　『징비록』에는 한양을 지키는 3만의 성첩*이 있었다고 기록되어 있답니다.

---

*성첩 성 위에 낮게 쌓은 담으로, 몸을 숨기고 적을 공격하기 위해 만들었어요.

그런데 임진왜란이 일어날 당시 성첩을 지킬 군사는 고작 7,000여 명에 불과했지요. 군사가 한참 모자라 빈틈이 많았던 거예요. 게다가 군사들의 자질 또한 형편이 없었고요.

"우리가 일본을 이길 수 있을까? 우리만으로 한양을 지키는 건 아무리 봐도 무리인 것 같네."

"자네 말이 맞네. 차라리 도망치자고."

군사들 머릿속에는 일본에 대한 두려움과 도망칠 생각이 가득했어요. 상황이 이렇다 보니 선조와 신하들 심지어 유성룡까지도 피란을 떠나는 게 더 낫다는 결론을 내리게 된 거예요.

하지만 아무리 상황이 나빴다고는 해도 한 나라의 임금이 수도를 버리고 도망친 사실이 정당화될 수는 없어요. 백성을 버리고 몸을 숨긴 것은 왕으로서의 책임을 다하지 못한 행동이니까요.

△ 오늘날까지 남아 있는 한양 성벽

할아버지 선조, 손자 인조의 닮은 꼴 운명

　임진왜란을 겪은 조선 14대 왕 선조와 병자호란을 겪은 16대 왕 인조, 둘은 할아버지와 손자 사이예요. 이 두 왕은 외적의 침입으로 고난을 겪었다는 공통점이 있지요. 그런데 이것 말고도 비슷한 점이 더 있어요.

　우선 선조와 인조는 모두 운 좋게 왕위에 올랐어요. 선조가 명종의 총애를 받아 왕이 되었다는 이야기는 앞에서 해 주었지요?

　인조 또한 원래대로라면 왕이 되지 못할 운명이었어요. 선조의 뒤를 이어 왕이 된 광해군이 제자리를 잘 지켰다면 말이에요. 인조의 아버지는 선조의 다섯 번째 아들이자, 광해군의 배 다른 동생이었거든요.

　1623년, 광해군에게 불만을 가진 신하들이 광해군을 몰아내기 위해 난을 일으켰어요. 새로운 왕으로 인조를 내세우면서 말이에요. 이 사건을 가리켜 '인조반정'이라고 한답니다.

　또한 선조와 인조는 아들을 권력의 라이벌로 여겼어요. 임진왜란이 일어나고 도망가기 바빴던 선조 대신 광해군은 나라를 안정시키는 데 큰 몫을 했어요. 선조는 백성들의 지지를 받는 광해군이 못마땅했지요.

　인조는 청나라를 무척 싫어했어요. 근본 없는 오랑캐라고 생각했기 때문이에요. 그런데 인조의 아들 소현 세자는 청나라의 앞선 문화를 받아들여야 한다고 주장했어요. 그는 병자호란 때 청나라에 인질로 잡혀갔다가 발전된 문화를 접했거든요. 인조는 자신과 다른 정치관을 가진 소현 세자를 미워했지요.

그러던 중 소현 세자가 갑작스럽게 세상을 떠났어요. 시신에서 독의 흔적이 발견되었지요. 소현 세자가 죽자 인조는 봉림 대군을 세자로 삼았어요. 소현 세자의 아들이 있음에도, 자신의 다른 아들을 세자 자리에 올린 것이지요.

그뿐만이 아니에요. 소현 세자의 부인은 임금의 음식에 독을 넣었다는 누명을 씌워 죽였어요. 소현 세자의 세 아들은 제주로 유배를 보냈지요. 많은 사람들은 이렇게 매정한 인조의 행동으로 미루어, 그가 소현 세자의 죽음과도 관련이 있을 것으로 추측하고 있답니다.

어때요? 선조와 인조의 닮은 꼴 운명이 참으로 신기하지요?

△ 광해군과 그 부인의 묘

8장

큰 그릇은 늦게 만들어질지어니

징비록 속 이순신 이야기

이순신은 임진왜란 최고의 영웅으로 손꼽혀요. 조선 수군을 통솔하며 왜군을 크게 무찔렀기 때문이에요. 이순신은 임진왜란이 일어나기 일 년 전인 1591년 전라 좌수사에 임명됐어요. 유성룡이 적극적으로 추천한 결과였지요.

그 전까지 이순신은 능력에 비해 낮은 벼슬을 가지고 있었어요. 여러 차례 공을 세웠지만, 이리저리 부딪힘이 많았지요. 그래서 벼슬길에 오른 지 10여 년이 지났음에도, 여전히 낮은 직책에 머물러 있었어요. 하지만 유성룡은 이순신의 능력과 사람됨을 알아보았지요. 그런데 갑자기 이순신의 벼슬이 높아지자 사람들이 그를 시기하고 질투하였어요.

임진왜란이 일어나고, 이순신은 남쪽 바다에서 수차례 왜군을 물리쳤어요. 가장 대표적인 것이 1592년 7월에 치른 한산도 대첩이에요.

이 전투는 일본이 견내량에 머무르고 있다는 소식이 전해지며 시작됐어요. 이 부근에서 군사를 이끌고 있던 이순신은 전투를 돕기 위해 온 원균에게 말했지요.

"견내량은 바다가 좁고 물이 얕아서 배를 움직이기가 어렵소. 그러니 거짓으로 도망쳐 한산도 인근 넓은 바다로 왜군을 유인해 싸워야 하오."

"무슨 소리요. 적이 우리 눈앞에 있소. 당장 달려 나가 싸워야 하오."

"그렇게 하다가는 반드시 패하고 말 것이오."

원균은 이순신의 작전을 반대했어요. 하지만 이순신은 자신의 뜻대로 깃발을 흔들며 달아났지요. 이를 본 왜군은 앞다투어 조선의 함선을 뒤쫓았어요.

이윽고 왜군의 함선이 한산도 근처에 다다랐어요. 이순신이 탄 함선에서 커다란 북소리가 울려 퍼졌지요. 그러자 모든 조선 함선이 일제히 왜군 함선을 향해 화포를 쏘아 올렸어요. 왜군 함선은 도망칠 겨를도 없이 불타고 부서졌지요. 임진왜란의 흐름을 바꾼 소중한 승리였어요. 이순신은 이후 스무 번이 넘는 전투에서 모두 승리를 거두었고, 1593년에는 조선 수군 전체를 통솔하는 수군통제사 자리에 올랐답니다.

이순신은 임진왜란 때 거북선을 타고 전투를 이끌었어요. 판자로 배 위를 덮은 모습이 꼭 거북처럼 생겨서 이와 같은 이름이 붙었지요. 배 위가 덮여 있어 군사들과 노를 젓는 이들 모두 적의 공격을 피하기 좋았어요. 배의 사방에는 화포를 달아, 적진을 헤집고 다니며 공격할 수 있었지요.

이순신은 전투를 할 때면 늘 앞장서서 싸웠어요. 그러다가 한 번은 그만 어깨에 총을 맞고 말았죠. 어깨에서 발꿈치까지 피가 흘러내릴 정도로 심한 부상을 입었지만, 아프다는 내색을 하지 않았어요. 전투가 끝나고 나서야 치료를 받았지요. 박힌 총알을 빼내기 위해서 칼로 살을 갈라야 했어요. 그를 지켜보는 사람들의 얼굴이 잔뜩 굳어졌지요. 그런데 정작 이순신은 태연해, 아픈 사람 같지 않았다고 해요.

선조는 이순신의 계속된 승리 소식을 듣고 말했어요.

"승리를 거둔 이순신의 벼슬을 올려 주려고 하오. 그대들의 생각은 어떠한가?"

신하들이 반대를 하며 대답했지요.

"이순신은 이미 높은 자리에 올라 있습니다. 더 높은 벼슬을 내릴 필요가 없다 생각되옵니다."

이렇게 이순신은 다른 신하들의 시기를 한 몸에 받았어요. 하지만 개의치 않고, 최선을 다해 전투에 임했지요.

이런 이순신 때문에 일본의 계획이 틀어지고 말았어요. 일본은 바닷길을 통해 육지에 있는 군사들에게 식량과 무기 등을 전해 줄 생각이었지요. 그런데 바닷길이 막혀 버린 거예요. 평양까지 치고 올라갔던 일본은 군사와 물자를 전해 받지 못해, 하는 수 없이 물러나야 했지요.

그러던 중 이순신에게 위기가 닥쳐왔어요. 선조가 왜군 장수 '가토'를 잡아 오라고 명했는데, 이를 따르지 않았거든요. 무리하게 가토를 잡는 것보다 다음 전투를 준비하는 게 더 옳다고 판단했기 때문이에요.

이 일로 이순신은 하루아침에 벼슬을 잃고 죄인이 되었어요. 당장 목숨을 잃을지도 모르는 위기의 순간이었지요. 이때, 관리 하나가 이순신의 조카에게 말했어요.

"뇌물을 쓰면 죄를 면할 수도 있다네."

"그게 정말입니까?"

이순신의 조카는 그길로 이순신에게 달려갔어요. 하지만 조카에게서 말을 전해 들은 이순신은 불같이 화를 내며 이렇게 말했어요.

"죽으면 죽었지 어찌하여 도리에 어긋난 짓을 해서 살기를 바란단 말인가?"

　죽기 직전까지 고문을 받던 이순신은 백의종군*하라는 명을 받고 풀려났지요.

　이순신이 없는 바다에서 조선 수군은 고전을 면치 못했어요.

――――――
***백의종군** 장수의 자리에서 물러나 평범한 군사가 되어 전투에 임하는 것을 말해요.

이순신 대신 수군통제사 자리에 오른 원균이 크게 패해, 심각한 위기를 맞았지요. 조정에서는 그제야 이순신을 수군통제사로 복귀시켰어요.

이순신은 얼마 남지 않은 함선과 군사, 백성들을 추슬렀어요. 그는 단 10여 척의 함선으로 130여 척의 일본 함선을 무찔렀지요. 이것이 바로 '명량 대첩'이에요.

명량 대첩이 끝난 뒤, 명나라에서 지원군을 보내왔어요. '진린'이라는 장수가 군사를 이끌었지요. 진린은 성격이 거칠고 사납기로 유명했어요. 이 때문에 조정에서는 이순신을 걱정했지요.

"진린이 이순신을 인정하지 않고, 제멋대로 군사를 다룰 것 같아 걱정입니다."

그러나 이순신은 의연하게 대처했어요. 그는 진린이 온다는 소식을 듣자 멀리까지 직접 나가 맞이하였고, 전쟁터에서 세운 공도 그에게 양보하였어요. 항상 겸손한 자세로 예를 다하였지요.

진린은 이런 이순신의 태도에 감동해, 진심으로 대하기 시작했어요. 무슨 일이든 이순신과 상의했지요. 외출할 때에는 자신과 이순신의 가마가 나란히 가도록 하면서 예의를 갖추었어요. 그는 선조에게 '이순신은 천하를 다스릴 만한 인재입니다.'라는 글을 올리기도 했지요.

　바다를 호령한 이순신은 1598년 11월 노량 해전에서 적의 총에 맞아 숨을 거두었어요.
　이순신이 목숨을 잃었다는 소식을 들은 조선 군사와 백성들은 마치 부모가 세상을 떠난 듯 슬퍼했지요. 백성들은 사당을 짓고 해마다 제사를 지내며 이순신을 기렸답니다.

『징비록』에 기록된 이순신의 전투들

『징비록』에는 이순신에 대한 기록이 많이 있어요. 이순신의 활약이 그만큼 뛰어났기 때문이지요. 『징비록』에 담긴 이순신의 승리의 순간을 살펴볼까요?

• 1597년 9월, 명량 대첩

이순신이 백의종군하는 동안, 원균이 이끈 조선 수군은 일본에 크게 패했어요. 원균을 비롯한 수많은 장수와 군사들이 목숨을 잃었지요.

이에 다급해진 선조는 이순신을 다시 수군통제사로 임명했어요. 제자리에 돌아온 이순신을 기다린 것은 고작 10여 척의 함선뿐이었지요. 이순신은 남은 함선과 군사, 백성을 추슬러 전투를 준비했어요.

한편 조선 수군을 완전히 무찌르려던 일본이 130여 척의 함선을 이끌고 공격해 왔어요. 이순신은 명량 해협에서 적과 싸우기로 마음먹었지요. 이곳은 폭이 좁고 조류가 거세기로 손꼽히는 장소였어요.

일본은 명량 해협의 조류를 제대로 파악하지 못해 허둥댔고, 이때를 노려 이순신은 화포를 쏘았어요. 일본의 함선은 화포에 맞고 파도에 휩쓸려 금세 가라앉고 말았지요.

이 전투에서 조선은 단 한 척의 함선도 잃지 않았어요. 하지만 일본은 30여 척의 함선을 잃었지요. 전 세계를 통틀어 유래가 없는 완벽한 승리였지요.

• 1598년 11월, 노량 해전

이순신에게 패한 일본 수군은 더 이상 싸울 힘을 잃었어요. 게다가 도요토미 히데요시가 죽었다는 소식까지 전해지자, 일본으로 돌아갈 계획을 세웠지요. 하지만 이순신은 그들을 무사히 돌려보낼 생각이 없었어요.

이순신은 명나라 장수 진린과 함께 일본 수군을 공격했어요. 도망치는 이들은 노량 해협까지 쫓아갔지요.

치열한 전투가 벌어지며 화살이 빗발쳤어요. 그 속에서도 이순신은 앞장서서 싸웠지요.

그러다 그만 날아오는 총알에 맞고 말았어요. 목숨이 오락가락하는 위태로운 상황에서 이순신이 침착하게 말했지요.

"지금은 전투가 더 급하다. 내 죽음을 알리지 말라."

말을 마친 이순신은 조용히 숨을 거두었어요. 부하들은 명령을 받들어 이순신의 죽음을 군사들에게 알리지 않았어요. 전투가 끝난 뒤 군사들은 이순신의 죽음을 전해 듣고 크게 슬퍼했어요. 울음소리가 온 바다에 울려 퍼질 정도였지요.

△ 노량 해전도

신하들은 왜 이순신을 질투했을까?

" 갑자기 이순신의 벼슬이 높아지자 사람들이 그를 시기하고 질투하였어요. "

고려와 조선 시대에 과거를 보지 않고도 관직에 오르는 사람들이 있었어요. 나라에 공을 세운 이나, 높은 관직을 가진 이의 아들에게 벼슬을 주는 제도가 있었기 때문이에요. 이 제도를 가리켜 '음서'라고 해요.

임진왜란이 일어나기 전, 조정에는 음서의 혜택을 받거나 붕당의 도움으로 관직에 오른 이들도 많았어요. 조정의 높은 신하들이 자신이 속한 붕당의 사람에게 관직을 주거나 높은 자리를 주는 일이 많았거든요.

이런 사람들은 유성룡의 추천으로 단숨에 높은 자리에 오른 이순신을 시기하고 질투했어요. 이때 이순신은 종6품에서 정3품으로 벼슬이 7계급이나 높아졌거든요. 이순신은 충분히 높은 자리에 오를 만한 실력을 지닌 장수였어요. 어려서부터 용맹했으며 말타기와 활쏘기에 능했고, 뛰어난 전략가이기도 했지요.

이순신이 북쪽 지역을 지키던 때의 일이에요. 툭하면 침략해 오는 오랑캐 때문에 골치를 앓던 이순신은 작전을 세웠어요. 오랑캐 대장을 우리 진영으로 꾀어 낸 뒤 죽여 버린 거예요. 대장을 잃은 오랑캐는 더 이상 침략해 오지 못했지요.

이런 일도 있었어요. 안개가 자욱이 낀 날이었지요. 한창 추수를 할 때여서 군사 대부분이 곡식을 거두러 나갔어요. 그런데 이때 갑자기 적이 침략해 왔지요. 이순신은 직접 활을 들고 나섰어요. 뛰어난 활 솜씨에 수십 명이 쓰러지자, 남은 적들은 놀라 달아났답니다.

이순신은 청렴한 성품도 갖추었어요. 그가 과거에 급제하자 병조 판서는 자신의 딸을 첩으로 주려고 하였어요. 하지만 이순신은 단호하게 거절하였지요.

"어찌 권세 있는 집안에 의지해 그 덕을 보기를 바라겠습니까?"

또한 병조의 관리가 법도를 무시하고 친구에게 벼슬자리를 주려 하자, 안 될 일이라며 반대하였어요. 관리가 크게 화를 냈지만 눈 하나 깜짝하지 않았지요. 그 모습을 본 다른 관리들은 고개를 절레절레 저었어요.

"병조 관리에게 대들다니, 대체 무슨 생각인지 모르겠네."

조정의 신하들은 이런 이순신을 눈엣가시처럼 여겼어요. 실력이 출중하고 성품은 대쪽 같은 이순신이, 자신들과 비교되었기 때문이 아닐까요?

8장 큰 그릇은 늦게 만들어질지어니

이순신이 거북선을 최초로 만든 게 아니라고?

임진왜란 때 조선 수군은 '판옥선'이라는 함선을 주로 사용했어요. 지붕을 덮은 2층 구조의 배로, 노를 젓는 군사들은 아래층에 적을 공격하는 군사들은 위층에 자리했지요. 그 덕분에 서로 방해받지 않고 전투에 임할 수 있었어요.

판옥선은 높이가 높아 적이 쉽게 기어오를 수 없었어요. 또 우리 군사는 위에서 아래를 내려다보면서 싸울 수 있어, 공격하기에 유리했지요. 높은 위치에서 쏘는 활과 화포의 명중률도 높았답니다.

거북선은 임진왜란 때 이순신이 전투에 활용한 거북 모양의 철갑선이에요. 판자로 배 위를 완전히 덮은 모습이 거북과 비슷하다고 해서 이런 이름이 붙었어요. 배를 덮은 판자 위에는 창검과 송곳을 꽂아 적이 기어오르지 못하게 하였지요. 매우 튼튼해서 화살은 물론 조총도 막을 수 있었다고 해요. 군사들은 모두 배 안에서 활동해, 안전하게 자신의 임무를 해낼 수 있었지요.

또 배 앞부분에는 용머리를 붙여, 그 구멍으로 화포를 쏠 수 있도록 했어요. 배의 양옆에도 화포를 설치했지요. 거북선은 전투 때 적의 함선을 향해 돌진해, 대열을 무너뜨리고 부수는 역할을 했어요. 거북선은 세계 최초의 돌격용 철갑선으로 인정받고 있답니다.

많은 사람들이 이순신이 최초로 거북선을 만들었다고 생각해요. 하지만 그것은 사실이 아니에요. 거북선을 누가 처음 만들었는지는 정확히 알려지지 않았어요. 그래서 지금까지도 다양한 의견이 나오고 있지요.

거북선에 대한 최초의 기록은 『조선왕조실록』에 담겨 있어요. 1413년 태종 때 거북선과 일본 함선처럼 꾸민 배로 전투 훈련한 것이 쓰여 있지요.

임진왜란 때 사용한 거북선은 이순신의 부하인 나대용이 발명했다고 알려져 있어요. 나대용은 배 만드는 기술이 뛰어난 자로, 임진왜란이 끝난 뒤 해골선 등 여러 가지 새로운 함선을 만들기도 했지요.

학자인 이덕홍이 거북선을 발명했다는 주장도 있어요. 그가 남긴 책에 거북선의 그림과 구조에 대한 설명이 담겨 있기 때문이에요. 또 이와 관련된 전설이 있기도 해요. 이덕홍이 임진왜란 직전에 유성룡에게 거북선에 대해 알렸고, 유성룡이 이를 이순신에게 전달했다는 것이지요.

이순신은 거북선을 최초로 만든 사람이 아니에요. 하지만 거북선의 가치를 잘 알고 활용했지요. 이순신이 아니었다면 거북선의 눈부신 활약을 보지 못했을지도 몰라요.

△ 모형 거북선

이순신의 한산도 대첩 vs 권율의 행주 대첩

앞에서 임진왜란 3대 대첩 중 진주 대첩과 한산도 대첩을 이야기했지요? 그렇다면 마지막 남은 전투에 대해서도 알아볼까요? 그 전투는 바로 권율의 '행주 대첩'이랍니다.

권율은 한양을 되찾기 위해 노력했어요. 1593년 한강을 건너 행주산성에 진을 쳤지요. 행주산성을 보수하고, 울타리를 쌓으며 적을 맞을 준비를 했어요.

한편 일본은 평양까지 진격했다가 조선·명나라 연합군에 밀려 후퇴해 한양 부근에서 다시 전열을 가다듬는 중이었어요. 이 직전에 치른 전투에서 승리를 거둔 터라 사기가 매우 높았지요.

마침내 일본은 3만여 명의 군사를 이끌고 행주산성을 공격하기 시작했어요. 여러 겹으로 성을 포위해 사납게 밀어붙였지요.

워낙 숫자가 많았던 일본 군사는 끊이지도 않고 계속 공격해 왔어요. 끝내 울타리가 무너졌고, 적은 성벽까지 들이닥쳤지요.

권율과 군사들은 성을 기어오르는 일본 군사들을 향해 활과 화포를 쏘았어요. 백성들도 힘을 보탰지요. 돌과 바위를 던지고 끓는 물을 끼얹는 등 목숨을 걸고 싸웠어요. 여자들은 치렁치렁한 긴치마를 짧게 잘라 입고, 적에게 던질 돌을 날랐다고 해요. 이때 여자들이 입었던 치마가 오늘날 '행주치마'의 기원이라는 이야기도 전해지지요.

그런데 행주치마에 대한 이야기는 사실이 아니에요. 임진왜란 전에 행주

치마라는 말을 사용했다는 기록이 있거든요. 하지만 행주 대첩 때 군사와 백성, 남자와 여자 가릴 것 없이 최선을 다해 적과 맞섰다는 것은 틀림없는 사실이지요.

일본 군사는 날이 저물자 후퇴했어요. 권율은 도망치는 일본 군사를 뒤쫓아 끝까지 공격했다고 해요.

그리고 행주 대첩을 승리로 이끈 공을 인정받아, 도원수*라는 높은 벼슬에 올랐답니다.

참, 한 가지 놀라운 사실을 알려 줄게요. 많은 사람들이 권율을 장군으로만 기억해요. 하지만 권율은 원래 무신이 아닌, 문신이었답니다. 이런 권율을 장수로 추천한 사람이 바로 유성룡이지요. 이전까지 권율은 크게 주목받지 못했는데, 유성룡은 그의 능력을 알아보았던 거예요.

이순신에 이어 권율까지, 유성룡의 인재를 발견하는 능력이 정말로 대단하지요?

△ 행주 대첩도

***도원수** 조선 시대에 전쟁이 났을 때, 군대를 통솔하는 벼슬이에요. 오늘날의 '총사령관'이라고 볼 수 있지요.

9장

몸을 바쳐
나라를 구하다

징비록을 속 의병 이야기

　조선의 군사들이 속수무책으로 왜군에게 패하자, 전국에서 수많은 의병들이 일어났어요.

　"우리 손으로 왜군을 몰아내자."

　"왜군들이 우리 땅을 짓밟는 걸 도저히 두고 볼 수 없다."

　이때 훌륭한 의병장들이 여럿 나타났어요. 그들은 의병을 잘 이끌었으며, 뛰어난 전략으로 왜군을 물리쳤지요.

　김천일과 고경명은 전라도를 대표하는 의병장이었어요. 이들은 본래 관직에 몸담고 있었던 터라, 조직을 통솔하고 적과 싸우는 방법 등을 잘 알았지요.

　김천일은 의병을 이끌고 경기도로 진격했어요. 조정에서는 '창의군'이라는 군대 이름을 내려 주었지요.

　고경명은 여러 마을을 돌며 왜군에 맞섰어요. 그러다 끝내 전투 중에 목숨을 잃고 말았지요. 고경명의 아들은 아버지의 뜻을 이어받아, 의병을 일으켰답니다.

경상도 의령에서는 곽재우의 활약이 대단했어요. 곽재우와 한 번이라도 맞붙어 본 왜군들은 그의 이름만 들어도 지레 겁을 먹었지요. 곽재우는 의령을 지키는 데 큰 역할을 했어요. 의령은 경상도에서 전라도로 넘어가는 길목으로, 군사적으로 매우 중요한 지역이었어요.

"왜군들이 의령을 넘지 못하는 건 곽재우 장군 덕분이야."

백성들은 온 마음을 다해 곽재우를 믿고 따랐지요. 곽재우는 진주 대첩에서도 큰 공을 세웠답니다.

곽재우 말고도 경상도에서 활약한 의병들이 많았어요. 김면은 고령과 거창에서 왜군을 물리쳐 벼슬을 받았지요. 유종개는 의병을 일으키고 얼마 되지 않아 전투 중에 세상을 떠났어요. 조정은 그의 죽음을 기리며 벼슬을 내려 주었답니다.

장사진은 여러 차례에 걸쳐 왜군을 물리쳤어요. 왜군들은 그를 '장장군'이라고 부르며 두려워했지요. 왜군은 눈엣가시 같은 장사진을 죽이기 위해 계략을 꾸몄어요. 군사를 숨겨 놓고 그를 유인했지요. 이를 눈치채지 못한 장사진은 그만 안타깝게 죽음을 맞고 말았답니다. 그는 죽어 가는 순간에도 큰 소리로 호통치며 적에게 맞섰다고 해요.

충청도에서는 영규, 조헌, 김홍민, 이산겸 등 여러 의병장들이

왜군을 괴롭혔어요. 특히 용맹이 뛰어났던 조헌과 영규는 힘을 합쳐 청주를 되찾았지요. 하지만 얼마 뒤 둘은 금산에서 전사하고 말았답니다.

승려들도 의병을 일으켜 나라를 지켰어요. 이를 '승병'이라고 하지요. 그중 유정이란 승려는 '사명 대사'라는 이름으로 더 널리 알려져 있어요. 사명 대사는 금강산에서 부처를 모시고 있었어요. 왜군이 쳐들어오자 다른 승려들은 도망을 갔지요. 그런데 사명 대사

　는 제자리에서 꼼짝도 하지 않았어요. 이를 본 왜군들은 감히 다가가지 못하고 예의를 갖추었지요.

　그러던 중 유성룡이 의병을 일으켜 나라를 구하라는 내용의 편지를 전국 각지에 보냈어요. 이를 받은 사명 대사는 그 편지를 부처 앞에서 읽으며 눈물을 흘렸지요. 불교에서는 살생을 금하고 있지만, 나라를 위해서는 어쩔 수 없었어요. 그는 마침내 의병을 일으켰고 많은 사람들이 그 뒤를 따랐지요. 사명 대사가 평양에 다다랐을 때는 그를 따르는 의병 숫자가 1,000여 명이나 되었다고 해요.

　이처럼 의병은 자신들이 사는 지역을 지키고, 물자가 오가는 것을 차단하며 왜군을 괴롭혔어요. 왜군은 부산·한양·평양 등 주요 도시를 손쉽게 차지했지만, 의병의 저항으로 나라 전체를 장악하지는 못했답니다.

나라를 구한 의병, 의병을 외면한 나라

　임진왜란에서 승리를 거두는 데 의병들의 활약을 빼놓고 얘기할 수 없어요. 전쟁이 끝난 뒤, 나라를 구한 영웅들은 어떻게 되었을까요? 조정으로부터 큰 상을 받고, 벼슬자리에 올랐을 것 같다고요?

　하지만 현실은 정반대였어요. 임진왜란이 끝난 뒤 대부분 의병들은 보상을 받지 못했지요. 오히려 선조에 의해 목숨을 잃기도 했어요.

　의병의 활약이 컸다는 것은 그만큼 관군*이 제 역할을 해내지 못했다는 것을 의미해요. 이는 곧 나라의 무능력함을 보여 주는 일이지요. 그래서 선조는 의병의 활약이 드러나는 게 달갑지 않았어요. 선조는 임진왜란 동안에도 의병들이 승리를 거두었다는 소식에, 크게 기뻐하거나 그 공을 칭찬한 적이 없다고 해요.

　또 선조는 의병장들이 반란을 일으키지는 않을까 걱정했어요. 임진왜란 때 선조는 백성들을 내팽개치고 도망쳤어요. 이러니 백성들이 불만을 갖는 건 당연한 일이었지요. 그래서 혹시나 의병장들이 백성들과 힘을 합쳐 반란을 일으킬까 걱정했던 거예요.

　선조는 의병뿐만이 아니라, 나라를 지킨 장수들도 제대로 대우해 주지 않았다고 해요. 특히 이순신의 경우, 끝까지 마음에 들어 하지 않았지요. 임진왜란에서의 공이 워낙에 커, 공신으로 인정하지 않을 수는 없었지만 말이에요.

*__관군__ 예전에, 국가에 소속되어 있던 군대를 말해요.

아마도 이순신이 도망가기 바빴던 자신과 비교되는 인물이었기 때문이 아니었을까요? 이순신은 목숨을 걸고 적과 싸워 승리를 거두었으며, 백성들로부터 존경을 받았으니까요. 선조는 임진왜란을 끝낸 공을 모두 명나라에 돌렸어요. 명나라가 도와주었기에 일본을 물리칠 수 있었고, 조선의 군대는 별다른 역할을 하지 못했다고 했지요.

그런데 사실 명나라야말로 크게 한 일이 없어요. 조선이 다급하게 도움을 요청했을 때는 오히려 머뭇거리기까지 했지요. 조선의 애원을 거절할 수 없어, 체면상 억지로 전쟁에 참여했을 뿐이랍니다.

또 선조는 함께 피란을 떠났던 신하들에게 지나치도록 큰 상을 내렸어요. 전쟁 준비는커녕 세력 다툼만 일삼던 신하들이었지만, 피란길에서 자신을 돌봐준 것을 보답한 것이지요.

이처럼 임진왜란의 진짜 영웅들은 자신들의 업적을 제대로 인정받지 못했어요. 하지만 역사는 그들을 잊지 않았어요. 그 고귀한 희생과 용기는 사라지지 않고, 우리에게 고스란히 전해졌으니까요.

더 알고 싶은 의병, 조헌과 영규

❝특히 용맹이 뛰어났던 조헌과 영규는 힘을 합쳐 청주를 되찾았지요. 하지만 얼마 뒤 둘은 금산에서 전사하고 말았답니다.❞

『징비록』에는 조헌과 영규에 대해 짤막하게 기록해 놓았어요. 하지만 이들의 활약은 참으로 대단했지요.

조헌은 일본이 침략할 가능성이 있다며, 그들에게 강한 모습을 보여 주어야 한다고 주장하던 신하였어요. 임금의 눈 밖에 나 관직을 빼앗긴 뒤에는, 지방에 내려가 제자를 길렀지요. 그리고 임진왜란이 일어나자 의병을 모집했어요.

영규는 승려였어요. 전쟁이 일어나자, 승려들을 중심으로 한 의병을 일으켰지요. 조헌과 영규는 의병을 합쳐 일본에 맞섰어요. 이들은 빼앗긴 청주성을 되찾는 공을 세웠지요.

그러던 어느 날, 일본이 금산으로 향한다는 소식이 들려왔어요.

"금산은 전라도로 향하는 길목이다. 그곳을 빼앗긴다면, 전라도도 무사하지 못할 게 분명하다."

전라도는 조선에서 쌀이 가장 많이 나는 지역이었어요. 만일 전라도를 일본이 차지한다면, 쌀을 모조리 빼앗기게 되는 것이었지요. 조선의 군사와 백성들이 먹을 쌀로 일본 군사들의 배를 불릴 수는 없었어요.

조헌과 영규는 금산을 지키기 위해 달려갔어요. 죽기를 각오한 700여 명의 의병들이 뒤따랐지요. 이들은 열 배 가까이 되는 적을 상대로 치열하게 싸웠어요. 그러고는 마침내, 전멸하고 말았지요.

하지만 이들의 희생은 결코 헛되지 않았어요. 일본 또한 이 전투로 엄청난 피해를 입었고, 전라도를 포기하고 물러갔지요.

조헌의 제자들은 나라를 위해 싸운 의병들의 시신을 금산에 함께 묻어 주었어요. 그리고 묘소에 '칠백의총'이라는 이름을 붙이고, 그들의 넋을 위로하고 기렸답니다.

△ 금산의 칠백의총

일본 군사 잡는 조선 의병, 이건 특급 작전이야!

앞에서 여러 번 이야기했듯이 일본은 66개로 쪼개진 나라를 통일하고자, 수많은 전쟁을 치렀어요. 그래서 일본 군사들은 전투에 무척 능했고 자신만만했어요. 게다가 조총을 비롯한 여러 신무기를 가지고 있었어요. 조선 관군은 일본 군사와 맞붙기만 하면 패하고, 도망가기 일쑤였지요.

그런데 의병들은 어떻게 관군도 이기지 못하는 일본 군사에게 승리를 거두었을까요? 제대로 훈련을 받지 못한 데다, 무기도 보잘것없었는데 말이에요.

의병들은 일본 군사와 제대로 맞붙었다간 패하리라는 걸 잘 알았어요. 그래서 되도록 정면 승부를 피하고, 기습하거나 방어가 약한 뒤쪽을 노려 적을 혼란에 빠트렸지요.

대부분의 의병이 자기가 살던 지역에서 군사를 일으켜, 지리에 밝았어요. 이 점이 작전을 수행하는 데 유리하게 작용했지요.

"어이쿠, 이놈들은 대체 어디서 나타나는 거야?"

"귀신같이 나타났다 사라지니 당할 방법이 없어."

험한 산속이나 우거진 숲에 숨어 있다가 불쑥 나타난 의병은 일본 군사들이 전열을 가다듬고 대응할라치면 또 감쪽같이 사라졌어요. 이런 의병은 일본에게 조선 관군보다 더 큰 두려움의 대상이자, 골칫덩이였답니다.

그런데 말이에요, 의병이 일본 군사를 이길 수 있었던 가장 큰 이유는 바로 마음가짐이었어요. 의병들은 관군이 나 몰라라 버리고 간 고향을 지킬 사람이 자신들밖에 없다는 걸 알았어요. 내 손으로 고향을 지키겠다는 의지, 책임감, 절실함이 적에게 맞설 용기를 가져다준 거예요.

전투에 임함에 있어 승패를 가르는 건 무기나 힘이 아니라, 마음가짐 즉 정신이라는 걸 알려 주는 예가 아닐까요?

△ 임진왜란 당시 의병들의 활동 지역과 격전지

임진왜란 의병 vs 일제 강점기 독립군

　임진왜란이 끝난 뒤 우리나라와 일본은 대체로 평화로운 관계를 유지했어요. 통신사를 교환하고, 왜관을 설치하며 교역을 했지요. 하지만 그 평화는 300년 만에 깨지고 말았어요. 일본이 문호를 개방할 것을 요구했고, 끝내 불평등한 조약을 맺게 된 것이에요. 바로 1876년에 맺은 '강화도 조약'이지요.

　강화도 조약 이후 일본은 우리나라 정치에 간섭했어요. 이때 조선은 일본, 청나라, 러시아 등 여러 나라의 간섭을 받고 있었지요. 이들은 조선을 차지하기 위해 애썼어요. 그 다툼의 승자는 일본이었고요.

　1895년 일본은 자신들을 밀어내고, 청나라·러시아와 손잡으려는 명성황후의 목숨을 빼앗는 끔찍한 일을 저질렀어요. 그리고 조정에 자신들의 말을 따르는 신하들을 임명하고, 고종 황제를 쥐락펴락했지요.

　조선 백성들은 이 같은 일본의 행패에 크게 분노했어요. 그래서 의병을 일으켜 일본에 맞섰지요. 임진왜란에 이어 또 한 번 일본에 맞서 나라를 구하기로 마음먹은 거예요. 하지만 의병들은 일본의 상대가 되지 못했어요. 일본은 군사의 숫자가 많은 것은 물론, 강력한 무기도 갖추고 있었기 때문이에요.

　그러던 일본은 1905년 '을사조약(을사늑약)'을 맺고 조선의 외교권을 빼앗았어요. 1910년에는 주권까지 완전히 빼앗아 버렸지요. 우리나라를 식민지로 만들어 버린 거예요. 1910년 처음 주권을 빼앗긴 뒤부터 1945년 광복을 맞을 때까지를 가리켜 '일제 강점기'라고 해요.

나라를 빼앗기자 의병들의 활동은 더욱 활발해졌고, 이때부터 의병을 독립군이라고 부르기 시작했어요. 독립군은 중국 만주를 중심으로 해, 수시로 일본 군대와 경찰 등을 공격해 피해를 입혔어요. 대표적인 전투가 '봉오동 전투'와 '청산리 대첩'이지요.

1920년 6월 홍범도가 이끄는 독립군이 봉오동에서 일본을 크게 무찔렀어요. 이에 일본은 2만여 명의 군사를 만주에 보냈지요. 김좌진 장군이 이끄는 독립군은 백두산 근처 청산리에서 일본군을 맞을 준비를 했어요. 1920년 10월, 독립군은 일본군에 맞서 6일간 10여 차례 접전을 펼친 끝에 대승을 거두었지요.

이 밖에도 독립군은 우리나라가 광복을 맞이한 1945년까지 나라 안팎에서 크고 작은 전투를 벌였어요.

고통받던 조선 백성들은 독립군의 승리 소식을 들으며 잠시나마 기뻐했으며, 독립에 대한 희망을 잃지 않을 수 있었답니다.

△ 청산리 대첩에서 승리한 뒤 기념사진을 찍은 독립군들

『징비록』 다시 살펴보기

- 『징비록』에 등장하는 사람들

유성룡
조선 선조 때의 명재상이에요. 임진왜란 중에 영의정에 올랐고, 도체찰사(총사령관)의 임무도 맡았지요. 당파와 신분을 가리지 않고 인재를 등용했으며, 객관적이고 냉철하게 국난을 헤쳐 나갔지요.
임진왜란 직전 전쟁의 위험성을 조정에 알렸고, 전쟁이 일어난 뒤에는 나라를 구하기 위해 애썼어요. 임진왜란이 끝난 뒤에는 『징비록』을 썼지요.

김성일
임진왜란 직전 조선이 일본에 파견한 사신 중 한 사람이에요. 함께 갔던 황윤길과 달리 일본은 조선을 침략할 생각이 없다는 보고를 올렸지요.

이일
오랑캐를 물리치는 등 공이 많았던 장수였어요. 하지만 임진왜란 초기에는 자신의 목숨을 구하기 위해 도망치기에 바빴지요.

신립
조선을 대표하는 장수 가운데 한 명이었으나, 탄금대에서 왜군에 크게 패하고 목숨을 잃었지요.

선조

임진왜란 당시 조선을 다스린 임금이에요. 여러 징후에도 전쟁 준비에 소홀했으며, 임진왜란이 일어나자 수도와 백성을 버리고 피란을 떠났지요. 전쟁이 끝난 뒤에는 목숨을 바친 이들은 무시하고, 명나라에 공을 돌리는 등 끝까지 실망스러운 모습을 보여 주었어요.

이순신

임진왜란 때 조선의 바다를 책임진 명장이에요. 유성룡의 추천으로 전라 좌수사가 됐고 여러 공을 세워 수군통제사의 자리에 올랐지요. 왜군이 가장 두려워했던 장수였으며, 죽는 날까지 나라와 백성을 위해 싸웠어요.

조선의 의병들

조선 관군이 왜군에 속수무책으로 패하자, 전국 각지에서 의병이 일어났어요. 나라를 지키겠다는 굳은 마음가짐과 지리에 밝은 이점을 이용한 기습으로 왜군을 물리쳤지요.

도요토미 히데요시

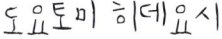

일본을 통일하고 권력을 차지한 사람이에요. 조선과 명나라를 정복하려는 야망을 품었고, 그 뜻을 실행에 옮겼지요.

• 『징비록』은?

　조선 선조 때 일본으로 사신을 보냈어요. 일본을 통일한 도요토미 히데요시가 끊임없이 사신을 보내 주길 요청했기 때문이에요. 일본에서 돌아온 사신들의 의견은 엇갈렸어요. 황윤길은 머지않아 일본이 조선에 쳐들어올 것 같다고 했고, 김성일은 전쟁이 일어날 리 없다고 보고했지요. 이에 유성룡은 이순신·권율 등을 등용하고, 성·해자·옹성 등을 쌓거나 보수하라고 지시하며 전쟁을 준비했어요. 그리고 1592년 임진왜란이 일어났지요.

　일본 군사들은 순식간에 조선을 점령해 나갔어요. 조선 군사들은 속수무책으로 패하고, 도망치기 바빴지요. 선조는 평양으로 피란을 떠나고 말았답니다.

　패하기만 하던 조선에 희망이 나타났어요. 이순신이 일본 군사들을 격파하며 조선의 바다를 지켰지요. 또 전국 각지에서 의병이 일어나 일본 군사의 길을 막았어요. 명나라에서도 군사를 보내왔지요. 그러자 일본이 차츰 밀렸고, 세 나라는 협상을 시작했어요. 하지만 협상을 이루지 못했고, 일본은 다시 한 번 군사를 일으켰지요. 이에 조선은 굳세게 대응했어요. 그러던 중 도요토미 히데요시가 죽었다는 소식이 전해졌고, 일본 군사들은 일본으로 도망쳤어요.

　임진왜란이 끝난 뒤 유성룡은 고향 안동으로 내려갔어요. 그곳에서 임진왜란이 일어난 이유, 전쟁의 상황, 이와 같은 일을 되풀이하지 않기 위해 할 일 등을 자세하게 기록했지요. 그 책이 바로 『징비록』이랍니다.

• 임진왜란, 그 후의 이야기

임진왜란은 조선과 일본, 명나라의 상황을 크게 바꾸어 놓았어요.

먼저 전쟁에서 패한 일본에는 새로운 지도자가 나타났어요. 임진왜란을 일으킨 도요토미 히데요시가 죽고, 오랜 경쟁자였던 도쿠가와 이에야스가 권력을 잡았지요.

명나라는 임진왜란으로 인해 국력이 많이 약해졌어요. 그 결과 여진족이 세운 나라인 후금에 의해 멸망하고 말았지요. 이후 후금은 청나라로 이름을 바꾸었답니다.

조선은 가까스로 임진왜란에서 승리했어요. 하지만 진정으로 승리한 것은 아니었지요. 온 나라가 전쟁을 치르느라 쑥대밭이 되었고, 수많은 사람들이 목숨을 잃었거든요. 조선의 아름다운 문화재들은 일본에 빼앗기거나 불타 없어졌지요. 살아남은 사람들은 집을 짓고, 농사지을 땅을 일구는 등 모든 것을 새로 시작해야 했어요.

이처럼 임진왜란은 조선, 일본, 명나라 모두에게 좋지 않은 결과를 가져다주었답니다.